De Weg Naar Het Leven

De Weg Naar Het Leven

ALDIVAN TORRES

aldivan teixeira torres

CONTENTS

1   1

De weg naar het leven
Aldivan Torres
De weg naar het leven

Auteur: Aldivan Torres
©2020- Aldivan Torres
Alle rechten voorbehouden.
Serie: Het cultiveren van wijsheid.

Dit boek, inclusief alle onderdelen, is auteursrechtelijk beschermd en kan niet worden gereproduceerd zonder toestemming van de auteur, doorverkocht of gedownload.

Aldivan Torres is een schrijver geconsolideerd in verschillende genres. Tot nu toe zijn de titels in tientallen talen gepubliceerd. Van jongs af aan is hij altijd een liefhebber geweest van de kunst van het schrijven, nadat hij vanaf de tweede helft van 2013 een professionele carrière heeft geconsolideerd. Hij hoopt met zijn geschriften bij te dragen aan de internationale cultuur en het plezier van het lezen te wekken bij mensen die de gewoonte niet hebben. Uw missie is om de harten van elk van uw lezers te winnen. Naast literatuur, zijn belangrijkste amusement zijn muziek, reizen, vrienden, familie en het plezier van het leven zelf. "Voor literatuur, gelijkheid, broederschap, rechtvaardigheid, waardigheid en eer van de mens altijd" is zijn motto.

Het pad

Weten hoe je kritisch moet zijn.

Meesters van het leven

Wet van terugkeer

Een tijd van angst

De plant gewas verhouding

Geven of niet geven de aalmoezen?

De handeling van het onderwijs en het leren.

Hoe te handelen in het gezicht van verraad.

Liefde maakt meer liefde

Handelen namens de armen, de uitgestotenen en ondergeschikten.

Laatste bericht

Het pad van welzijn

Het pad

De wegen naar God

De goede meesters en leerlingen

Goede praktijken om nuchter te blijven.

De waarde via het voorbeeld

Het gevoel in het universum

Goddelijk gevoel

Het veranderen van de routine

De ongelijkheidsdenken van de wereld verzen rechtvaardigheid.

De kracht van muziek

Hoe het kwaad te bestrijden

Ik ben de onbegrijpelijke.

Problemen

Op het werk

Reizen

Op zoek naar rechten

Geloof in volledige liefde

Weten hoe je een relatie moet beheren.

De massage

De goedkeuring van morele waarden

Het hebben van de geest van een echte vriend.
Te observeren acties
Zorg voor voeding
Tips om lang en goed te leven.
Dans
Vasten
Het concept van God
Verbeteringsstappen
Kenmerken van de geest
Hoe moet ik me voelen?
De rol van het onderwijs
Conclusie
Winnen door geloof
Overwinning op spirituele en vleselijk vijanden.
De mens- relatie
Geloven in Jahweh in pijn
Een eerlijk man van geloof zijn.
De Christus
De missie van de mens
Wees de christus
De twee paden
De keuze
Mijn ervaring
Het is allemaal aan ons.
Bestemming
Koninkrijk van Licht, oktober 1982
De missie
De betekenis van visie
Authenticiteit in een beschadigde wereld
Verdriet in moeilijke tijden
Leven in een beschadigde wereld
Zolang er goed is, zal de aarde.
De Rechtvaardigen zullen niet geschokt worden.

Wees de uitzondering
Mijn fort
De waarden
Op zoek naar innerlijke vrede
De Schepper God
Ware liefde
Herken jezelf zondaar en beperkt
De invloed van de moderne wereld.
Hoe te integreren met de vader.
Het belang van communicatie
De onderlinge afhankelijkheid en wijsheid van de dingen.
Geef niemand de schuld.
Deel uitmaken van een geheel
Niet klagen
Zie vanuit een ander oogpunt
Een waarheid
Denk aan de andere
Vergeet de problemen
Gezicht geboorte en dood als processen.
Onsterfelijkheid
Heb een actieve houding
God is geest
Een visie van geloof
Volg mijn geboden
Het dode geloof
Heb een andere visie
Van zwakte komt kracht
Wat te doen in een delicate financiële situatie.
Geconfronteerd met gezinsproblemen
Het overwinnen van een ziekte of zelfs de dood.
Jezelf ontmoeten
Sophia
Gerechtigheid

Het toevluchtsoord op het juiste moment.
De verleiding van de wereld verzen de weg van God.
Kennismaken met Jahweh
De rechtvaardigen en de relatie met Jahweh.
De relatie met Jahweh
Wat u moet doen
Ik geef je al mijn hoop.
Vriendschap
Vergeving
Je weg vinden
Hoe te leven op het werk.
Leven met har gehumeurde mensen op het werk.
Voorbereiden op een zelfstandig werkinkomen
Analyse van de mogelijkheden van specialisatie in studies.
Hoe te leven in de familie.
Wat is Familie
Hoe te respecteren en gerespecteerd te worden.
Financiële afhankelijkheid
Het belang van het voorbeeld

Het pad

Loop met de goeden en je zult vrede hebben. Loop met de slechteriken en je zult ongelukkig zijn. Vertel me met wie je omgaat en ik vertel je wie je bent. Dit manier gezegde laat zien hoe belangrijk het is om selectief te zijn in vriendschappen. Echter, ik denk dat het allemaal een leerervaring. Je moet fouten maken om te leren of je moet experimenteren om te weten wat je wilt. Ervaring is een primordiale factor voor de evolutie van de mens, omdat we zwervende wezens onderworpen aan een realiteit van verzoening en bewijs.

Weten hoe je kritisch moet zijn.

We zijn voortdurend in ontwikkeling wezens. Het is normaal om jezelf te bekritiseren en altijd wilt u uw prestaties te verbeteren in uw dagelijkse activiteiten. Maar eis niet te veel van jezelf. Tijd leert en rijpt uw ideeën. Verdeel je taken op zo'n manier dat je genoeg vrije tijd hebt. Overweldigd geest produceert niets van handig. Er is de tijd van planten en oogsten.

Het vergt empathie en controle. Als je partner een fout maakt, geef hem dan goed advies, maar maak hem niet na. Vergeet niet dat we niet kunnen oordelen over de andere, omdat we ook onvolmaakte en gebrekkige wezens. Het zou een blinde man zijn die een andere blinde man leidt die geen vrucht zou dragen. Reageren, plannen en maken. Ze zijn de nodige pijlers voor succes.

Als je een baas bent, vraag vaardigheden van je ondergeschikten, maar ook begrip en menselijk. Een werkomgeving vol zware en negatieve trillingen belemmert alleen onze ontwikkeling. Het vergt samenwerking, levering, werk, vastberadenheid, planning, controle en tolerantie in de werkomgeving. Dit heet de democratisering van werk, een onmisbaar punt in het zakendoen, omdat onze samenleving meervoud en veelzijdig is. Het milieu moet daarom een plaats van sociale integratie zijn.

Grote bedrijven die streven naar inclusie en duurzaamheid worden bewonderd door klanten en consumenten. Dit maakt een positief beeld binnen en buiten de organisatie. Daarnaast dragen waarden van eenheid, ijver, waardigheid en eer bij aan de eeuwigheid van het bedrijf. In dit geval raad ik aan om hooggekwalificeerde professionals te ontmoeten, zoals: psycholoog, Human relaties technicus, beheerders, succesvolle managers, schrijvers, gezondheidswerkers.

Meesters van het leven

We zijn op een grote missie voor een totaal ongelijke menigte. Sommigen hebben meer kennis en anderen hebben minder kennis.

Echter, ieder van ons kan onderwijzen of leren. Wijsheid wordt niet gemeten door zijn leeftijd of zijn sociale toestand, het is een goddelijke gave. Dan kunnen we een bedelaar vinden die wijzer is dan een succesvolle zakenman. Het wordt niet gemeten door financiële macht, maar door een constructie van waarden die ons menselijker maakt. Succes of mislukking is alleen een gevolg van onze daden.

Onze eerste meesters zijn onze ouders. Dus het is waar dat onze familie onze basis van waarden is. Dan hebben we contact met de maatschappij en op school. Dit alles reageert op onze persoonlijkheid. Terwijl we altijd de kracht van keuze hebben. Geroepen vrije wil, het is de voorwaarde van de vrijheid van alle wezens en moet worden gerespecteerd. Ik ben vrij om mijn weg te kiezen, maar ik moet ook de gevolgen dragen. Vergeet niet, we oogsten wat we planten. Daarom noem je het een goede boom, die goede vruchten afwerpt.

We zijn geboren met een aanleg voor goed, maar vaak brengt het milieu ons schade. Een kind in een staat van onderdrukking en ellende ontwikkelt zich niet op dezelfde manier als een rijk kind. Dit wordt sociale ongelijkheid genoemd, waar weinig mensen veel geld hebben en veel mensen arm zijn. Ongelijkheid is het grote kwaad van de wereld. Het is een groot onrecht dat lijden en schade brengt aan het deel van de minder bevoordeelde bevolking. Ik denk dat we meer beleid voor sociale integratie nodig hebben. We hebben banen, inkomen en kansen nodig. Ik denk dat naastenliefde een mooie daad van liefde is, maar ik denk dat het vernederend is om dat te leven. We hebben werk en fatsoenlijke overlevingsvoorwaarden nodig. We moeten hopen op betere dagen. Hoe goed is het om dingen te kopen met ons eigen werk en niet gediscrimineerd te worden. We moeten de kans van iedereen hebben, zonder enige vorm van discriminatie. We hebben banen nodig voor zwarten, inheemse mensen, vrouwen, homoseksuelen, transseksuelen, hoe dan ook, voor iedereen.

Ik denk dat de uitweg uit een nieuw duurzaamheidsmodel het gezamenlijke werk van de elite met de overheid zou zijn. Minder belastingen, meer financiële prikkels, minder bureaucratie zou de ongelijkheid helpen verminderen. Waarom heeft iemand miljarden op zijn bankrekening nodig? Dit is totaal onnodig, zelfs als het de vrucht van uw arbeid. We moeten het grote fortuin belasten. We moeten ook de arbeids- en belastingschulden van grote bedrijven innen om dividenden te maken. Waarom privilege de rijke klasse? We zijn allemaal burgers met rechten en plichten. We zijn hetzelfde voor de wet, maar we zijn eigenlijk ongelijk.

Wet van terugkeer

Een tijd van angst

Wanneer een tijd van angst komt en het lijkt erop dat alle onrechtvaardigen bloeien, wees gerust. Vroeg of laat zullen ze vallen en zullen de rechtvaardigen winnen. Jahweh 's wegen zijn onbekend, maar ze zijn rechtop en wijs, op geen enkel moment zal hij je in de steek laten, ook al veroordeelt de wereld je. Het doet dit zodat zijn naam van generatie op generatie wordt bestendigd.

De plant gewas verhouding

Alles wat je op aarde doet voor je bestwil wordt geschreven in het boek van de levens. Elke raad, donatie, detachement, financiële steun, vriendelijke woorden, complimenten, samenwerking in charitatieve werken onder anderen is een stap in de richting van welvaart en geluk. Denk niet dat het helpen van de andere het grootste goed is voor de bijgestaan. Integendeel, je ziel is het meest geprofiteerd door je daden en je hogere vluchten krijgen. Heb het bewustzijn in jullie dat niets gratis is, het goede dat we vandaag opnieuw planten, planten we in het verleden. Heb je ooit een huis zien steunen zonder een stichting? Zo ook gebeurt met elk van onze acties.

Geven of niet geven de aalmoezen?

We leven in een wereld van wrede en vol oplichters. Het is gebruikelijk voor veel mensen met goede financiële voorwaarden om te vragen om aalmoezen om verrijken, een verkapte daad van diefstal die zuigt het al twijfelende salaris van de werknemers. Geconfronteerd met deze alledaagse situatie, velen weigeren te helpen in het gezicht van een verzoek om aalmoezen. Is dit de beste optie?

Het is het beste om te analyseren op een geval per geval basis, voel de bedoeling van de persoon. Er zijn talloze plagen op straat, er is geen manier om iedereen te helpen dat is waar. Maar als je hart het toelaat, help dan. Zelfs als het een fraude, zonde zal worden in de bedoeling van de andere persoon. Je hebt je deel gedaan, bijgedragen aan een minder ongelijke en humanere wereld. Proficiat aan u.

De handeling van het onderwijs en het leren.

We zijn in een wereld van verzoening en beproevingen, een wereld in constante verandering. Om ons aan deze omgeving aan te passen, bevinden we ons in een rijk leerproces dat in alle omgevingen tot uiting komt. Neem deze kans, absorbeer de goede dingen en ontken de slechte zodat je ziel kan evolueren op het pad naar de vader.

Wees altijd dankbaar. Godzijdank voor uw familie, vrienden, reisgenoten, lekenleraren en al diegenen die in u geloven. Geef terug aan het universum een deel van je geluk door een apostel van het goede te zijn. Het is het echt waard.

Hoe te handelen in het gezicht van verraad.

Wees voorzichtig met mensen, vertrouw niet zo gemakkelijk. Valse vrienden zullen niet twee keer nadenken en leveren hun geheim in het bijzijn van iedereen. Wanneer dit gebeurt, het beste ding om te doen is om een stap terug en zet dingen in hun juiste plaatsen. Als je en genoeg geëvolueerd, vergeef. Vergeving zul je ziel bevrijden van wrok en dan zul je klaar zijn voor nieuwe ervaringen. Vergevingsgezind betekent niet vergeten, want als je eenmaal je vertrouwen hebt gebroken, kom je niet meer terug.

Houd in gedachten de wet van terugkeer die de eerlijkste wet van allemaal. Alles wat je verkeerd doet met de andere zal terugkeren met rente voor u om te betalen. Dus maak je geen zorgen over de schade die ze je hebben aangedaan, je zult er zijn voor je vijanden, en God zal rechtvaardig handelen door je te geven wat iedereen verdient.

Liefde maakt meer liefde

Gezegend ze die liefde of passie ervoer. Het is het meest sublieme gevoel dat er is dat bestaat uit het geven, afstand doen, overgave, begrip, tolerantie en onthechting van het materiaal. Echter, we hebben niet altijd een gevoel wederkerig door de geliefde en dat is wanneer pijn en ontzetting optreden. Er is een tijd nodig om het te wegen en deze periode te respecteren. Als je je beter voelt, ga dan verder en heeft nergens spijt van. Je vond het geweldig, en als beloning zal God de ander een weg wijzen dat hij of ze ook hun weg vooruit zal gaan. Er is een grote kans dat ze zal worden afgewezen door anderen om te betalen voor het leed veroorzaakt. Dit herstart een vicieuze cirkel, waar we nooit hebben wie we echt liefhebben.

Handelen namens de armen, de uitgestotenen en ondergeschikten.

Proberen om daklozen, wezen, prostituees, de verlatenen en de onbeminde te helpen. Uw beloning zal groot zijn omdat ze uw goodwill niet kunnen terugbetalen.

In een bedrijf, school, familie en de samenleving in het algemeen behandelen iedereen met gelijkheid, ongeacht hun sociale klasse, religie, etniciteit, seksuele keuze, rangorde of enige specificiteit. Tolerantie is een grote deugd voor jullie om toegang te hebben tot de hoogste hemelse rechtbanken.

Laatste bericht

Dat is de boodschap die ik wilde geven. Ik hoop dat deze paar regels je hart zullen verlichten en je een beter mens zullen maken. Vergeet niet: Het is altijd tijd om te veranderen en goed te doen. Doe

DE WEG NAAR HET LEVEN

met ons mee in deze keten van goed voor een betere wereld. Tot het volgende verhaal.

Het pad van welzijn
Het pad

De mens in al zijn bewustzijn heeft twee dimensies te observeren: de manier waarop hij zichzelf ziet en de manier waarop hij wordt gezien door de samenleving. De grootste fout is dat hij kan maken is proberen om een standaard van de samenleving als de onze passen. We leven in een wereld die meestal bevooroordeeld, ongelijk, tirannie, wreed, kwaad, vol verraad, onwaarheden en materiële illusies. Het absorberen van goede leringen en authentiek zijn is de beste manier om je in vrede met jezelf te voelen.

Jezelf beter leren en kennen, vertrouwen op goede waarden, jezelf en anderen leuk vinden, familie waarderen en naastenliefde beoefenen zijn manieren om succes en geluk te vinden. In dit traject zullen er vallen, overwinningen, verdriet, geluk, momenten van vrije tijd, oorlog en vrede. Het belangrijkste in dit alles is om jezelf te houden met geloof in jezelf en een grotere kracht, ongeacht je geloof.

Het is onmisbaar om alle slechte herinneringen achter te laten en verder te gaan met je leven. Wees gerust dat Jahweh God bereidt goede verrassingen waarin u het ware plezier van het leven te voelen. Heb optimisme en doorzettingsvermogen.

De wegen naar God

Ik ben de zoon van de vader, degene die deze dimensie kwam helpen in een werkelijk logische evolutie. Hier toen ik aankwam vond ik een mensheid totaal verknald en afgeleid van mijn vaders primaire doel in het creëren van het. Vandaag de dag, wat we het vaakst zien zijn kleine, egoïstische, ongelovige mensen van God, concurrerend, hebzuchtig en jaloers. Ik heb medelijden met deze mensen en ik probeer hen te helpen op de beste manier die ik kan. Ik kan aan mijn voorbeeld de kwaliteiten laten zien die mijn vader echt wil dat ze cultiveren: Solidariteit, begrip, samenwerking, gelijkheid, broederschap, gezelschap, barmhartigheid, rechtvaardigheid, geloof, klauw, volharding, hoop, waardigheid en vooral liefde onder wezens.

Een ander groot probleem is menselijke trots in het zijn deel van een meer goedgekeurde groep of klasse. Ik zeg je, dit is geen Gall voor God. Ik ben verteld u dat u open armen en harten om uw kinderen te ontvangen, ongeacht uw ras, kleur, religie, sociale klasse, seksuele geaardheid, politieke partij, regio of enige specificiteit. Iedereen is gelijk in zaken voor hun vader. Echter, sommige zijn meer voordeel door hun werken en aangename ziel.

De tijd loopt snel. Mis dus niet de kans om samen te werken aan een beter en eerlijker universum. Help de getroffenen, de armen, de armen, vrienden, vijanden, kennissen, vreemden, familie, vreemden, personen, kinderen, jong of oud, kortom, hulp zonder vergelding te verwachten. Groot zul je beloning zijn voor de vader.

De goede meesters en leerlingen

We zijn in een wereld van verzoening en bewijs. We zijn onderling afhankelijke wezens en gebrek aan genegenheid, liefde, materiële middelen en aandacht. Ieder gedurende hun hele leven is het opdoen van ervaring en het overbrengen van iets goeds aan degenen die het dichtst bij hen. Deze wederzijdse uitwisseling is belangrijk om een staat van volledige vrede en geluk te bereiken. Het begrijpen van de eigen, het begrijpen van de pijn van anderen, handelen in de naam van rechtvaardigheid, het transformeren van concepten en het ervaren van de vrijheid die kennis biedt is onbetaalbaar. Het is goed dat niemand van je kan stelen.

Tijdens mijn leven had ik grote leraren: Mijn geestelijke en vleselijke vader, mijn moeder met haar lieflijkheid, leraren, vrienden, familie in het algemeen, kennissen, collega's, de voogd, Angel, De Hindu, de priesteres, Renato (mijn avontuur partner), Philliphe Andrews (Een man gekenmerkt door een tragedie), zo veel andere personages die met zijn persoonlijkheid gemarkeerd mijn verhaal. In de tegenslag van de geschiedenis, begeleidde ik mijn neefjes en de hele mensheid door mijn boeken. Ik heb beide rollen goed gedaan en ik ben op zoek naar mijn eigen identiteit. De sleutel tot de vraag is om een goed zaad achter te laten voor zoals Jezus zei: de rechtvaardigen zullen schijnen als de zon in het koninkrijk van hun vader.

Goede praktijken om nuchter te blijven.

Er zijn verschillende manieren om de wereld te zien en eraan te wennen. In mijn specifieke geval was ik in staat om de stabiliteit te handhaven na een lange tijd van interne spirituele voorbereiding. Uit mijn ervaring kan ik tips geven over hoe ik me oriënteren op de wisselvalligheid van het leven: Drink geen alcohol, rook niet, gebruik geen drugs, werk niet, beleef jezelf met plezierige activiteit, ga met vrienden op stap, loop, reis in goed gezelschap, eet en kleed me goed, neem contact op met de natuur, ontsnap aan de drukte en animatie, rust je geest, luister naar muziek, lees boeken, voldoen aan binnenlandse verplichtingen, trouw zijn aan uw waarden en overtuigingen, respect voor de oudsten, zorgen voor de instructie van de jongere, worden vrome, begrip en tolerant, verzamelen om uw spirituele groep, erts, hebben geloof en niet thema's. Op de een of andere manier opent het lot de goede deuren voor je en vindt dan je weg. Veel geluk is wat ik wens voor iedereen.

De waarde via het voorbeeld

De mens wordt weerspiegeld door zijn werken. Dit manier gezegde laat precies zien hoe we moeten handelen om gelukzaligheid te bereiken. Het heeft geen zin voor de mens om geconsolideerde waarden te hebben als hij ze niet in de praktijk brengt. Meer dan goede bedoelingen hebben we een geconsolideerde houding nodig om de wereld vervolgens te veranderen.

Het gevoel in het universum

Leer jezelf kennen, jezelf meer waarderen en samenwerken voor het welzijn van anderen. Veel van onze problemen vloeien voort uit onze eigen angsten en tekortkomingen. Onze zwakheden kennende, kunnen we ze oplossen en in de toekomstplannen om te verbeteren als mens.

Volg uw ethiek zonder het recht te vergeten van degenen die aan uw zijde staan. Wees altijd onpartijdig, eerlijk en gul. De manier waarop je de wereld behandelt zal als vergelding succes, vrede en rust hebben. Wees niet te kieskeurig tegen jezelf. Probeer te genieten van elk moment van het leven vanuit een leerperspectief. De volgende keer weet je precies hoe je moet handelen.

Goddelijk gevoel

Niets is toeval en alles wat bestaat in het universum heeft zijn belang. Wees blij voor de gave van het leven, voor de gelegenheid om te ademen, lopen, werken, zien, knuffelen, kussen en liefde geven. Niemand is een geïsoleerd stuk, we maken deel uit van de versnelling van het universum. Probeer het doen van eenvoudige mentale verbinding oefeningen. In je momenten ga je naar je kamer, ga op je bed zitten, sluit je ogen en denk na over jezelf en het universum zelf. Terwijl je ontspant, zullen je problemen achterblijven en zul je de benadering van de goddelijke link opmerken. Probeer je te concentreren op het licht aan het einde van de tunnel. Dit licht brengt je de hoop dat het mogelijk is om te veranderen, wist de fouten van het verleden, vergeef jezelf en vrede te sluiten met vijanden door ze vrienden te maken. Vergeet de gevechten, de wrok, de angst en de twijfels. Dit alles staat je in de weg. We zijn het meest actief als we elkaars kant begrijpen en de mogelijkheid hebben om verder te gaan. Dank u dat u gezond bent en dat u nog tijd hebt om de hangende kwesties op te lossen.

We zijn zonen van de vader, we zijn geschapen om de planeet te helpen evolueren en ook gelukkig te zijn. Ja, we kunnen het allemaal hebben als we het waard zijn. Sommigen zijn alleen gelukkig, anderen naast een metgezel, anderen door deel te nemen aan een religie of geloofsbelijdenis, en anderen door anderen te helpen. Geluk is relatief. Vergeet ook nooit dat er dagen van wanhoop en duisternis zullen zijn en dat het op dit moment is dat je geloof meer aanwezig moet zijn. In het gezicht van pijn, het vinden van een uitweg is soms vrij ingewikkeld. We hebben echter een God die ons nooit in de steek laat, zelfs als anderen dat doen. Praat met hem en dan zul je dingen beter begrijpen.

Het veranderen van de routine

De wereld van vandaag is uitgegroeid tot een grote race tegen de tijd om te overleven zelf. We brengen vaak meer tijd door op het werk dan met onze gezinnen. Dit is niet altijd gezond, maar het wordt nodig. Neem de vrije dagen om je routine een beetje te veranderen. Ga uit met vrienden, echtgenoot, ga naar parken, theaters, bergbeklimmen, gaan zwemmen in de rivier of op zee, ga naar familieleden, ga naar de film, het voetbalstadion, boeken lezen, tv kijken, surfen op het internet en nieuwe vrienden te maken. We moeten de routinematige kijk op de dingen veranderen. We moeten een beetje van deze uitgestrekte wereld kennen en genieten van wat God heeft achtergelaten. Denk dat we niet eeuwig zijn dat er op elk moment iets kan gebeuren en dat jullie niet meer onder ons zijn. Dus ga morgen niet weg voor wat je vandaag doen. Uiteindelijk, bedankt voor de kans om te leven. Dit is het grootste geschenk dat we hebben ontvangen.

De ongelijkheid denken van de wereld verzen rechtvaardigheid.

We leven in een onbenullige, competitieve en ongelijke wereld. Het gevoel van straffeloosheid, liefdeloosheid, gierigheid en onverschilligheid is overwicht. Alles wat Jezus in het verleden heeft geleerd, wordt meestal niet in de praktijk gebracht. Dus wat is het nut van hem zo hard vechten voor een betere wereld als we het niet waarderen?

Het is gemakkelijk om te zeggen dat je de pijn van de ander begrijpt, soms solidariteit en mededogen hebt om een beeld te zien op het internet of zelfs op straat voor een verlaten minderjarige. Het is moeilijk om houding te hebben en proberen om dit verhaal te veranderen. Zonder twijfel, de ellende van de wereld is groot en we hebben geen manier om iedereen te helpen. God zal dat niet van je eisen tijdens de rechtszaak. Echter, als je tenminste helpen uw buurman zal al van goede grootte. Maar wie is onze volgende? Het is je werkloze broer, het is je trieste buurman voor het verlies van zijn vrouw, het is zijn collega die je begeleiding nodig heeft. Elke daad van je, hoe klein het ook is, telt, in het aspect van de evolutie. Vergeet niet: We zijn wat onze werken zijn.

Probeer altijd te helpen. Ik zal uw perfectie niet eisen, dit is iets wat niet bestaat in deze wereld. Wat ik wil is dat je van je buurman, mijn vader en jezelf houdt. Ik ben hier om je weer te laten zien hoe groot mijn liefde voor de mensheid is, ook al verdient het niet. Ik lijd enorm aan menselijke ellende en zal proberen het te gebruiken als een instrument van mijn goede wil. Maar ik heb je toestemming nodig om in je leven te kunnen handelen. Ben je klaar om echt te leven mijn wil en die van mijn vader? Het antwoord op deze vraag zal een definitieve mijlpaal in zijn bestaan zijn.

De kracht van muziek

Iets ontspannend en dat ik ten zeerste aanbevelen voor het bereik van vrede en menselijke evolutie is om te luisteren naar muziek. Door de teksten en melodie, onze geest reist en voelt precies wat de auteur wil gaan door. Vaak bevrijdt dit ons van alle kwaden die we in de loop van de dag dragen. De druk van de samenleving is zo groot dat we vaak worden getroffen door de negatieve en jaloerse gedachten van anderen. Muziek bevrijdt ons en troost ons door onze geest volledig op te ruimen.

Ik heb een eclectische smaak voor muziek. Ik hou van forró, Rock, Funk, Braziliaanse populaire muziek, internationale, romantische, country of een goede kwaliteit muziek. Muziek inspireert me en vaak schrijven hoor ik ze van rustige muziekvoorkeuren. Doe dit ook en je ziet een groot verschil in je kwaliteit van leven.

DE WEG NAAR HET LEVEN

Hoe het kwaad te bestrijden

We hebben een dualiteit in het universum geleefd sinds de val van de grote draak. Deze realiteit wordt hier op aarde ook weerspiegeld. Aan de ene kant, eerlijke mensen die willen leven en samenwerken en andere die zoeken naar het ongeluk van anderen. Terwijl de kracht van het kwaad is zwarte magie, de kracht van het goede is gebed. Vergeet jezelf niet minstens één keer per dag aan te bevelen aan je vader, zodat de kracht van de duisternis je niet raakt.

Zoals Jezus onderwees, wees niet bang voor de man die zijn leven kan nemen van zijn lichaam, een thema dat zijn ziel kan veroordelen. Door de vrije wil kun je de aanval van vijanden gewoon afwijzen. De keuze voor goed of kwaad is alleen aan je. Als je zondigt, rechtvaardig jezelf dan niet. Herken je fout en probeer niet meer te missen.

Een houding die ik in mijn leven had, veranderde mijn relatie met het universum en met God volledig. Ik wenste dat de wil van de Heer in mijn leven zou volbrengen en dat de Heilige Geest zou handelen. Vanaf dat jaar had ik alleen maar succes en geluk omdat ik gehoorzaam ben. Vandaag leef ik in volledige gemeenschap met mijn schepper en daar ben ik blij om. Vergeet niet dat het je keuze is.

Ik ben de onbegrijpelijke.

Wie ben ik? Waar kom ik vandaan? Waar moet ik heen? Wat is mijn doel? Ik ben het onbegrijpelijke. Ik ben de geest van het noorden die van daarnaar hier blaast zonder richting. Ik ben liefde, het geloof van de rechtvaardigen, de hoop van kinderen, ik ben de helpende hand van de getroffenen, ik ben de goed gegeven raad, ik ben uw geweten waarschuwen gevaar, ik ben degene die de ziel bezielt, ik ben vergeving, ik ben verzoening, ik ben begrip en zal altijd geloven in uw herstel, zelfs vóór de zonde. Ik ben Davids' jonge boom, de eerste en laatste, ik ben Gods voorzienigheid die de werelden creëert. Ik ben de kleine dromerige knop van het noordoosten die voorbestemd is om de wereld te veroveren. Ik ben Goddelijk aan de meest intieme, de ziener of gewoon de zoon van God door recht. Ik kwam naar mijn vaders verzoek om ze weer te redden van de duisternis. Voor mij is er geen macht, gezag of royalty want ik ben de Koning van de Koningen. Ik ben je God van het onmogelijke dat je leven kan veranderen. Geloof dat altijd.

Problemen

Als goddelijk kan ik alles doen en in menselijke vorm leef ik met zwakheden als alle andere. Ik ben geboren in een wereld van onderdrukking, armoede, ontberingen en onverschilligheid. Ik begrijp je pijn als geen ander. Ik zie diep in je ziel je twijfels en je angst voor wat er kan komen. Ik weet precies hoe ik ze het beste onder ogen kan zien.

Ik ben je beste vriend, degene die elk uur aan je zijde staat. We kennen elkaar misschien niet of ik ben fysiek niet aanwezig, maar ik kan handelen door mensen en in geest. Ik wil het beste voor je leven. Wees niet opstandig en begrijp de reden voor de mislukking. De reden is dat er iets beters is, iets wat je nooit had gedacht. Ik heb dit geleerd uit eigen ervaring. Ik ervoer een intens moment van wanhoop waarin geen levend wezen me heeft geholpen. Bijna totale slijtage, mijn vader redde me en toonde zijn immense liefde. Ik wil terugbetalen en hetzelfde doen met de rest van de mensheid.

Ik weet precies wat er in je leven gebeurt. Ik weet dat het soms voelt alsof niemand je begrijpt en het voelt alsof je alleen bent. Op deze momenten helpt het zoeken naar een logische verklaring niet. De waarheid is, er is een groot verschil tussen menselijke liefde en de mijne. Terwijl de eerste is bijna altijd betrokken bij een spel van belangen, mijn liefde is subliem en opperste. Ik heb je opgevoed, je de gave van het leven gegeven, en ik dageraad elke dag aan je zijde door mijn engel. Ik geef om je en je familie. Ik heb er veel spijt van als je lijdt en het wordt afgewezen. Weet dat je in me nooit negatief zult worden. In de tussentijd vraag ik u om mijn plannen te begrijpen en ze te accepteren. Ik heb het hele universum gecreëerd en ik weet meer dan je op de beste manier. Om dit sommigen noemen het een bestemming of voorbestemming. Zo veel als alles verkeerd lijkt, alles heeft een betekenis en beweegt naar succes als je verdient.

Hier is onder u iemand die liefhad en die houdt. Mijn eeuwige liefde zal nooit voorbijgaan. Mijn liefde is vol en heeft geen eisen. Ik heb gewoon de waarden van een goede man geconsolideerd. Ik wil geen woorden van haat, racisme, vooroordelen, onrecht of minachting in me stoppen. Ik ben niet deze God die ze schilderen. Als je me wilt ontmoeten, leer het dan via mijn kinderen. Vrede en goed voor iedereen.

Op het werk

Het is niet goed dat de man een onbezette geest heeft. Als we nietsdoen cultiveren, zullen we niet stoppen met denken over de problemen, de rusteloosheid, de angsten, onze schaamte, het lijden, het lijden en de wisselvalligheid van het vandaag en de toekomst. God liet de mens de erfenis van het werk. Naast het feit dat een kwestie van overleven, het werken vult onze diepste leegte. Het gevoel nuttig te zijn voor jezelf en voor de samenleving is uniek.

Het hebben van de mogelijkheid om in een baan, groeien professioneel, het versterken van de relaties van vriendschap en genegenheid en van de ontwikkeling als een mens is een groot geschenk het resultaat van hun meer tedere inspanningen. Wees er blij mee in tijden van crisis. Hoeveel vaders en moeders wilden niet in je schoenen staan? De realiteit in ons land is van toenemende werkloosheid, ongelijkheid, immuniteit, onverschilligheid en politieke onverschilligheid.

Doe je deel. Zorg voor een gezonde omgeving op het werk waar u een groot deel van uw dag doorbrengt. Echter, hebben niet zo veel verwachting en niet verwarren dingen. Vrienden meestal vind je in het leven en op het werk alleen collega's, behalve zeldzame uitzonderingen. Het belangrijkste is om strikt te voldoen aan uw verplichtingen die aanwezigheid, stiptheid, snelheid, efficiëntie, verantwoordelijkheid en toewijding impliceert. Wees een voorbeeld van gedrag binnen en buiten uw afbraak.

Reizen

God is prachtig, krachtig en ongeëvenaard. Voor zijn grote liefde wilde hij dingen creëren en door zijn woord bestonden ze. Alle materiële, immateriële, zichtbare en onzichtbare dingen leveren glorie op aan de schepper. Onder deze dingen is de man. Beschouwd als een klein punt in het universum, is het in staat om te zien, voelen, interageren, waarnemen en maken. We zijn hier om gelukkig te zijn.

Profiteer van de kansen die het leven je geeft en leer een beetje van dit universum kennen. U zult betoverd worden door de kleine en grote natuurwerken. Voel de frisse lucht, de zee, de rivier, het bos, de bergen en jezelf. Denk na over je houding en ervaringen gedurende je hele leven. Geloof me dit geeft je kwaliteit van leven en een gevoel van onbeschrijfelijke vrede. Wees nu gelukkig. Laat het niet voor later, want de toekomst is onzeker.

Op zoek naar rechten

Wees een volle burger die je rechten volledig naleeft. Ken precies uw plichten en verplichtingen. In het geval dat ze worden geschonden, u verhaal in de rechtbank. Zelfs als uw verzoek niet wordt ingewilligd, zal uw geweten duidelijk en klaar zijn om verder te gaan. Vergeet niet dat de enige gerechtigheid die niet faalt is het goddelijke en met de juiste houdingen uw zegen zal komen.

Geloof in volledige liefde

Vandaag de dag leven we in een wereld die gedomineerd wordt door interesse, goddeloosheid en gebrek aan begrip. Het is demotiverend om te beseffen dat wat we echt willen voor ons niet bestaat of is absoluut zeldzaam. Met de devaluatie van zijn en ware liefde, hebben we geen alternatieven meer. Ik heb genoeg geleden onder de uitdagingen van het leven en uit mijn ervaring geloof ik nog steeds in een hoop, zelfs als misschien ver weg. Ik geloof dat er een geestelijke vader in een ander vlak is die al onze daden observeert. Zijn werken gedurende zijn carrière zal een toekomstig geluk naast een speciaal persoon erkennen. Wees optimistisch, volhardend en heeft vertrouwen.

Weten hoe je een relatie moet beheren.

Liefde is goddelijk. Dit gevoel geconceptualiseerd als de willen het welzijn van het andere individu. In het proces van het bereiken van deze fase, moet je weten. Kennis betovert, ontgoochelingen of amorf. Weten hoe om te gaan met elk van deze fasen is de taak van de goede beheerder. Met een figuur van taal, genegenheid kan worden vergeleken met een plant. Als we het vaak water geven, zal het groeien en goede vruchten en bloemen geven. Als we haar verachten, verdorde ze, vergaat en eindigt. Een relatie kan iets positiefs of negatiefs zijn, afhankelijk van met wie we zijn. Samenwonen voor een paar is de grote uitdaging van de moderne tijd. Weet dat liefde alleen niet genoeg is om een unie te bestendigen is iets wat bredere factoren impliceert. Hij is echter een krachtig toevluchtsoord in tijden van angst en wanhoop.

De massage

Massage is een geweldige oefening die kan worden gedaan. Wie is de ontvanger heeft de mogelijkheid om het plezier veroorzaakt door de ontspanning van de spieren te ervaren. Er moet echter voor worden gezorgd dat de evenredigheid van de wrijving tussen de handen en het gewerkte gebied niet wordt overdrijven. Daar kun je nog beter gebruik van maken als er een uitwisseling is tussen twee mensen die van elkaar houden.

De goedkeuring van morele waarden

Goede begeleiding is onmisbaar om een gevoel te ontwikkelen dat in staat is om oprechte, realistische, goed genoten en echte verbindingen tot stand te brengen. Zoals het gezegde gaat, de familie is de basis van alles. Als we daarin goede ouders, kinderen, broers en metgezellen zijn, zullen we er ook buiten zijn.

Oefen een ethiek van waarden die je naar het pad van welzijn kunnen leiden. Denk aan jezelf, maar ook aan het recht van de ander altijd met respect. Probeer gelukkig te zijn, ook al verzwakt je geest en ontmoedigt je. Niemand weet echt wat er gebeurt als ze geen actie ondernemen en proberen. Het meeste dat kan gebeuren is een mislukking en ze werden gemaakt om ons te trainen en ons echte winnaars.

Het hebben van de geest van een echte vriend.

Toen Jezus op aarde was liet hij ons een model van gedrag en een voorbeeld te volgen. Zijn grootste daad was de overgave aan het kruis voor onze zonden. In dit ligt de waarde van een echte vriendschap, het doneren van je leven voor de ander. Wie zou dat echt voor je doen? Kijk eens goed. Als uw reactie positief is, waarde deze persoon en hou van hen oprecht omdat dit gevoel is zeldzaam. Verpest deze relatie niet voor niets. Wederkerig met daden en woorden een beetje van deze grote liefde en gelukkig zijn.

Te observeren acties

1. Doe anderen wat je zou willen dat ze met je doen. Dit omvat vriendelijk, liefdadig, vriendelijk, gul, en streven niet om anderen pijn te doen. Jullie hebben geen dimensie van wat het is om te lijden door misplaatste woorden. Gebruik deze kracht alleen om anderen goed en troost te bieden omdat we niet weten wat het lot voor ons in borst heeft.
2. Wees de vijand van leugens en loop altijd met de waarheid. Hoe zeer het ook is, het is beter om alles op te biechten wat er gebeurd is. Rechtvaardig jezelf niet of verzacht het nieuws niet. Wees duidelijk.
3. Niet stelen wat er van de ander en niet kruisen in de weg van het leven van anderen. Wees eerlijk op betalingen en accountvermogen. Cultiveren afgunst, laster, of onwaarheid met anderen.
4. We maken allemaal deel uit van een geheel dat bekend staat als God, het lot of kosmisch bewustzijn. Om harmonie,

DE WEG NAAR HET LEVEN

medeplichtigheid en gemeenschap in de relatie te behouden, is een enorme inspanning nodig om weg te blijven van de dingen van de wereld. Oefen altijd goed en je pad zal geleidelijk worden herleid tot hemelse vader. Zoals ik al zei, wees nergens bang voor. In tegenstelling tot wat veel religies schilderen, mijn vader is niet een beul of een onverdraagzame, hij verheven liefde, tolerantie, vrijgevigheid, gelijkheid en vriendschap. Iedereen heeft zijn eigen plaats in mijn koninkrijk als hij het verdient.

5. Hebben een eenvoudig en veilig leven. Verzamel geen materiële goederen zonder noodzaak en geef niet toe aan extravagantie. Alles moet in de juiste mate. Als je rijk of rijk, altijd de praktijk van de kunst van donatie en liefdadigheid. Je weet niet wat voor goed dit voor jezelf gaat doen.
6. Houd lichaam, ziel en hart schoon. Geef niet toe aan de verleidingen van lust, gulzigheid of luiheid.
7. Cultiveren optimisme, liefde, hoop, geloof en doorzettingsvermogen. Geef je dromen nooit op.
8. Wanneer u deelnemen aan sociale projecten van de gemeenschap. Elke actie voor de favoriete minderjarigen zal hun schat in de hemel vergroten. Geef de voorkeur aan macht, geld, invloed, of sociale status.
9. Wen er maar aan cultuur te waarderen in de verschillende verschijningsvormen. Ga sightseeing met vrienden, bioscoop, theater en lees inspirerende boeken. De magische wereld van de literatuur is een rijke en diverse wereld die u veel entertainment zal brengen.
10. Mediteer en denk na over je vandaag en toekomst. Het verleden doet er niet meer toe en zelfs als je zonde zo scharlaken is, kan ik je mijn ware liefde vergeven en tonen.

Zorg voor voeding

Het verzorgen van ons lichaam is onmisbaar voor ons om goed te leven. Een van de diepgaande en vele belangrijke onderwerpen is eten. Het aannemen van een evenwichtige voeding is de beste manier om ziekten te voorkomen. Kopen van gezonde gewoonten en eet voedsel dat rijk is aan vitaminen, mineralen, vezels en eiwitten. Het is ook belangrijk om alleen te eten wat nodig is om te overleven het vermijden van afval.

Tips om lang en goed te leven.
1. Houd lichaam en geest altijd actief.
2. Dating.
3. Cultiveren uw geloof over anderen.
4. Het hebben van solide en genereuze waarden van sociale co-existentie.
5. Eet matig.
6. Hebben een passende oefening routine.
7. Slaap goed.
8. wees verstandig.
9. Word vroeg wakker.
10. Reis veel.

Dans

Dans is een belangrijke oefening voor het welzijn van het individu. Helpt bij het bestrijden van veroudering, in rugklachten en bewegingsvrijheid. Integreren met elke melodie is niet altijd een gemakkelijke, maar plezierige en lonende taak. Hebben een gewoonte in deze oefening en proberen om gelukkig te zijn.

Vasten

Vasten is gepast op heilige dagen of wanneer we beloften doen om zielen te helpen die in de geestenwereld in de problemen zitten. Echter, eenmaal klaar, is het raadzaam om de krachten opnieuw samen te stellen door het innemen van gezonde en diverse voedingsmiddelen.

Het concept van God

God is nog niet begonnen en zal geen einde hebben. Het is het resultaat van de vereniging van de creatieve krachten van het goede.

Het is aanwezig in alle werken van zijn schepping die met hen communiceren via het mentale reflexieve proces wat velen het "Innerlijke Zelf" noemen.

God kan niet worden gedefinieerd in menselijke woorden. Maar als ik kon zou ik zeggen dat het liefde, broederschap, geven, naastenliefde, rechtvaardigheid, genade, begrip, rechtvaardigheid en tolerantie. God is bereid om hem te accepteren in zijn koninkrijk als je het verdient. Onthoud iets belangrijks: Je hebt alleen het recht om te rusten in het koninkrijk van de hemel die rustte van je werken je broeders.

Verbeteringsstappen

De aarde is een wereld van verzoening en bewijs voor mensen om vooruitgang te boeken. Deze fase van ons bestaan moet worden gekenmerkt door onze goede daden, zodat we een bevredigende spirituele dimensie kunnen leven. Door het bereiken van de volheid van perfectie, de mens wordt een deel van de kosmische dimensie of gewoon geconceptualiseerd als God.

Kenmerken van de geest

1. Goed verlangen moet worden aangemoedigd en effectief in de praktijk worden gebracht.
2. Gedachte is een creatieve kracht die moet worden bevrijd voor de creatieve geest te bloeien.
3. Dromen zijn tekenen van hoe we de wereld zien. Het kunnen ook boodschappen van de goden zijn over de toekomst. Het is echter nodig om in de praktijk te blijven om praktische resultaten te bereiken.
4. Onderscheidingsvermogen, kennis en onthechting van materiële dingen moeten worden gewerkt in de hoofden van allen die evolutie zoeken.
5. Het gevoel deel van het universum is het resultaat van een proces van verbetering en bewustzijn. Weet hoe je je innerlijke stem moet herkennen.

Hoe moet ik me voelen?

Bedankt voor de gave van het leven en voor alles wat je vader je gegeven heeft. Elke prestatie, elke dag geleefd moet worden gevierd alsof een ander niet bestond. Speel jezelf niet en weet hoe je je rol in de dimensie van de kosmos moet herkennen. Mijn ouders zien ze met een blik van grootheid ondanks hun beperking en ongeloof. Maak jezelf waardig van de goede dingen.

Maak als de kleine dromer van de landinwaarts van Pernambuco bekend als Goddelijk. Ondanks alle uitdagingen en moeilijkheden opgelegd door het leven, hij nooit opgehouden te geloven in een grotere kracht en in zijn eigen mogelijkheden. Geloof altijd in hoop omdat God van ons houdt en wil wat het beste voor ons is. Echter, probeer uw deel te doen in dit proces. Wees actief in uw projecten en dromen. Leef elke stap volledig en als het mislukt niet worden ontmoedigd. De overwinning zal komen door het verdienen.

De rol van het onderwijs

We zijn wezens die klaar zijn om te evolueren. Vanaf de conceptie, kindertijd en zelfs opname in de school zelf zijn we in staat om te leren en betrekking hebben op anderen. Deze interactie is belangrijk voor onze ontwikkeling in het algemeen. Het is op dit punt dat leerkrachten, ouders, vrienden en iedereen die we kennen een belangrijke rol speelt bij het opbouwen van een persoonlijkheid. We moeten de heilzame dingen absorberen en de kwade verwerpen door het juiste pad naar de vader te bewandelen.

Conclusie

Ik sluit hier deze eerste tekst op zoek naar het kennen van de religies. Ik hoop dat vanuit mijn oogpunt u goed onderwijs hebben geassimileerd en als het helpt, zelfs als het alleen een persoon die ik zal geven zo goed gezien de tijd die wordt gebruikt bij het maken ervan. Een knuffel voor iedereen, succes en geluk.

DE WEG NAAR HET LEVEN

Winnen door geloof

Overwinning op spirituele en vleselijk vijanden.

Zo zegt Jahweh: "Aan de rechtvaardigen, ze die terecht mijn geboden volgen door de dagelijkse kunst van het goede te beoefenen, beloof ik constante bescherming voor mijn vijanden. Zelfs als een menigte of zelfs de hel zich tegen je werpt, zul je geen kwaad vrezen want ik steun je. Bij mijn naam, tienduizend zal vallen aan uw rechterhand en honderd me aan uw linkerhand, maar niets zal gebeuren met u, want mijn naam is Jahweh."

Deze emblematische boodschap van God is genoeg om ons kalm te laten in het gezicht van de toorn van vijanden in elke situatie. Als God voor ons is, wie zal er dan tegen ons zijn? In feit eis er niemand groter dan God ergens in het universum. Alles wat in het boek van de levens geschreven staat zal gebeuren en zeker zul je overwinning komen, broeder. De triomf van het onrechtvaardige wordt stro gemaakt, maar de tarwe zal voor altijd blijven. Dus laten we meer vertrouwen hebben.

De mens- relatie

De mens kreeg het bestuur van het land, zodat hij het kon laten vruchten en bloeien. Zoals Jezus ons leerde, moet onze relatie met God van vader op zoon zijn, en als gevolg daarvan schamen we ons niet om hem te benaderen, zelfs als de zonde hem angstig maakt. Jahweh koestert het goede hart, de hardwerkende man, degene die ernaar streeft om altijd te verbeteren, zodat hij het pad van permanente evolutie kan volgen.

Op het moment van de zonde, is het beste om na te denken over wat de oorzaak is, zodat de fout niet opnieuw kan worden herhaald. Het zoeken naar alternatieve paden en het zoeken naar nieuwe ervaringen draagt altijd bij aan ons curriculum waardoor we meer voorbereide mensen voor het leven.

Het belangrijkste punt van dit alles is om je leven te openen voor de actie van de Heilige Geest. Met zijn hulp kunnen we een niveau bereiken waarvan we kunnen zeggen dat het verbonden is met goede dingen. Dit heet communie, zodat het volledig kan worden geleefd. Het opgeven van de dingen van de lichamelijke wereld en het ontkennen van het kwaad in je zijn nodige en effectieve omstandigheden om wedergeboren te worden in een veranderende wereld. We zullen een spiegel zijn van de verrezen Christus.

Geloven in Jahweh in pijn

We leven in een wereld van verzoening en bewijs, die ons voortdurend pijn doet. We lijden voor een verloren of onbeantwoorde liefde, lijden voor het verlies van een familielid, lijden voor financiële problemen, lijden voor het misverstand van de ander, lijden als gevolg van het geweld veroorzaakt door menselijke goddeloosheid, we lijden in stilte als gevolg van onze zwakheden, verlangen, ziekten en angst voor de dood, we lijden voor nederlagen en trieste dagen wanneer we willen verdwijnen.

Mijn broer, omdat pijn onvermijdelijk is voor degenen die in deze wereld leven, moeten we ons vastklampen aan Jahweh en zijn zoon Jezus Christus. De laatste voelde op de huid als een man allerlei onzekerheden, angsten, tegenslagen en toch nooit gaf gelukkig. Laten we dat ook zijn, elke dag leven met het gevoel dat je beter doen en met een kans op progressie. Het geheim is om altijd verder te gaan en hem om hulp te vragen om onze kruisen te dragen. De almachtige zul je oprechtheid en bekering belonen en je leven transformeren in een zee van geneugten. Het gaat er niet om te zorgen voor de uitsluiting van pijn, maar om te weten hoe we samen moeten leven op een manier die ze niet beïnvloeden ons goede humeur. En zo kan het leven doorgaan zonder grote problemen.

Een eerlijk man van geloof zijn.

De ware Christen volgt onder alle omstandigheden het voorbeeld van Jezus. Naast de onmisbare geboden heb je een idee van het evangelie, van het leven zelf, van het kwaad, en van het gevaar van de wereld, en je weet de beste manier om te handelen. De christen moet een voorbeeld van een burger zijn, want er zijn regels die moeten worden gevolgd en nageleefd in de sociale set. Een ding is geloof en een ander ding is respect voor je partner.

Wat Jahweh wil is dat de mens ook zijn burger is en niet alleen de wereld. Hiervoor moet men een goede vader zijn, een goede zoon, een goede echtgenoot, een trouwe vriend, een dienaar gewijd in gebed, een persoon die leeft voor het werk, want nietsdoen is de werkplaats van de duivel. Toegewijd aan de kwestie van Jahweh, kan de mens een belangrijke stap zetten in de richting van gelukkig zijn en *win door geloof*! Een dikke knuffel voor iedereen en tot de volgende keer.

De Christus
De missie van de mens

De aarde werd geschapen om het leven in overvloed te huisvesten, evenals andere sterren verspreid over de talloze delen van het universum. Jahweh God, de geconsolideerde liefde, wilde door kracht, macht, zoetheid en genade om mensen te creëren, speciale wezens die het voorrecht hebben om zijn beeld en gelijkenis te zijn.

Maar het feit dat het hun beeld en gelijkenis betekent niet dat ze dezelfde essentie hebben. Terwijl Jahweh bezit alle predicaten van perfectie de mens is gebrekkig en zondig door de natuur zelf. God wilde dus zijn grootheid laten zien, hij hield zoveel van ons dat hij ons de vrije wil gaf door de belangrijkste elementen te verstrekken, zodat we voor onszelf het pad van geluk kunnen vinden.

We concluderen dat perfectie op aarde nooit meer is bereikt sinds altijd, die zet enkele oude legendes van bepaalde religies. We leven dualiteit, een diepgaande voorwaarde voor het bestaan als mens.

Nu komt de vraag: Wat is de betekenis van de schepping van het universum en het leven zelf? Jahweh en zijn plannen is onbekend voor de meeste mensen velen van hen niet eens beseffen wat er gebeurt om hen heen. We kunnen zeggen dat mijn vader voor altijd en altijd leeft, twee kinderen verwekte, de pre-mensen Jezus en Goddelijk, de hemelse sterren hebben geschapen als de eerste die kalenquer heette. Op deze planeet met aspecten die vergelijkbaar zijn met die van de huidige aarde, schiep de engelen die de tweede in volgorde van algemeen belang. Daarna reisde hij door het universum om het mysterie van de schepping voort te zetten, waardoor zijn gezag in de handen van Jezus, goddelijk en Michael (een toegewijde dienaar) bleef. Dit was ongeveer vijftien miljard jaar geleden.

Van deze tijd tot het vandaag werd het universum zo getransformeerd dat de oorspronkelijke schepping niet eens wordt erkend. De zin van het leven dat is een van samenwerking, eenheid, naastenliefde, liefde, donatie en bevrijding is veranderd in ruzie, afgunst, onwaarheid, vijandschap, misdaad, verwoesting van natuurlijke hulpbronnen, liefde voor geld en macht, individualisme en de zoektocht naar overwinning ten koste van alles.

Daar wil ik heen. Ik ben de zoon van spirituele Jahweh en ik kwam naar de aarde om een belangrijke missie te volbrengen. Ik wil mijn broers bellen naar mijn vaders veerkracht en mijn koninkrijk. Als je mijn uitnodiging accepteert, beloof ik een constante toewijding aan je doelen en opperste geluk. Wat eist God van je?

Wees de christus

Ongeveer tweeduizend jaar geleden had de aarde het voorrecht om Gods eerstgeborene te ontvangen. Bekend als Jezus Christus werd gezonden door zijn vader om het ware woord van God te brengen en onze zonden te verlossen. Door zijn voorbeeld, tijdens zijn drieëndertig jaar van het leven, groef Jezus de diepgaande fundamenten van de perfecte mens die God bevalt. Jezus kwam om diepgaande punten in de relatie van de mens met God te verduidelijken.

Het belangrijkste punt van het leven van de Messias was zijn daad van moed in het overgeven aan het kruis door te dienen als een offer voor de zondige mensheid. "De ware vriend is degene die zijn leven voor de ander onvoorwaardelijk geeft en Christus was er een levend voorbeeld van."

Overgave, opgeven voor zichzelf door de broer, het houden van de uitdrukkelijke en impliciete geboden in de heilige boeken, en goed doen zijn altijd vereisten om het koninkrijk van God te erven. Dit is het koninkrijk van Jezus, het mijne en alle zielen van het goede, elk op zijn verdiende plaats.

Cultiveren gezonde, aangename en menselijke waarden door te helpen bij de continue evolutie van het universum en je zult het planten van een goed zaad naar het eeuwige koninkrijk. Blijf uit de buurt van slechte invloeden en steun sommige van uw praktijken niet. Weet hoe je het goede van het kwaad moet onderscheiden. Wees voorzichtig en voorzichtig.

De wereld waarin we leven is een wereld van verschijningen waar het de moeite waard is om meer te hebben dan te zijn. Doe het anders. Wees de uitzondering en waarde wat het echt waardes. Verzamel schatten in de lucht waar dieven niet stelen of de mot en roest corroderen.

Na alles wat is gesproken met goede plaatsingen, is het aan een persoonlijke reflectie en een nette analyse van uw kant. Het is uw vrije keuze om of in dit koninkrijk te integreren, maar als uw beslissing bij toeval een ja-gevoel is dat door me en door alle hemelse krachten wordt omarmd. We zullen van deze wereld een betere wereld maken door altijd goed en vrede te bevorderen. Wees een van de "Christus". In de toekomstige wereld, als God het wil, zullen we samen zijn met de vader in volledige harmonie en plezier. Tot de volgende keer. Jahweh bij je zijn.

De twee paden

De keuze

De aarde is een natuurlijke omgeving waar mensen zijn geplaatst om te communiceren met elkaar, leren en onderwijzen gemaakt met hun ervaringen. Door vrije wil wordt de mens altijd geconfronteerd met situaties die besluitvorming vereisen. Op dit moment is er geen magische formule van resolutie, maar analyse van alternatieven die niet altijd bevredigende resultaten opleveren.

De fouten die in deze keuzes gemaakt maken ons een meer kritische geest en een meer open geest, zodat in de toekomst zullen we meer hits op toekomstige keuzes. Het is de zogenaamde ervaring van de oorzaak die pas in de loop van de tijd wordt bereikt.

Het is duidelijk gedurende ons hele traject op Aarde dat er twee strengen zijn die in het universum werken: een kwaadaardige en een goedaardige. Hoewel niemand volledig slecht of goed is, zijn onze overheersende acties die onze kant in dit ruzie zullen beslissen.

Mijn ervaring

Ik ben de zoon van geestelijke Jahweh, bekend als Messias, Goddelijk, zoon van God, of gewoon ziener. Ik ben geboren in een dorp in het binnenland van het noordoosten en dit gaf me de kans om in contact te komen met de ergste kwalen van de mensheid.

Keuzes hebben zeker een groot gewicht in ons leven en vooral op onze persoonlijkheid. Ik ben de zoon van de boeren, ik ben opgevoed met goede waarden en volgde ze altijd tot op de letter. Ik ben opgegroeid in armoede, maar ik miste nooit vriendelijkheid, vrijgevigheid, eerlijkheid, karakter en liefde voor anderen. Toch was ik niet gered van het slechte weer.

Mijn nederige toestand was een grote plaag: ik had geen geld voor goed voedsel, ik had niet genoeg financiële steun in mijn studie, ik ben binnen opgevoed met weinig sociale interactie. Hoewel alles moeilijk was, heb ik besloot om deze stroom te bestrijden op zoek naar betere dagen wordt mijn eerste belangrijke keuze.

Het was helemaal niet makkelijk. Ik leed veel, soms verloor ik de hoop, ik gaf het op, maar iets diep van binnen zei dat God me steunde en voor mij een pad vol prestaties voorbereidde.

Op het moment dat ik mezelf al had opgegeven, Jahweh God handelde en leverde me. Hij adopteerde me als een zoon en liet me volledig herleven. Van daaruit besloot hij in me te leven om het leven van de naaste mensen te veranderen.

Het is allemaal aan ons.
Het kwaad en mijn persoonlijke lijden zijn lessen die ik mijn hele leven neem. Ik heb besloten door licht, om hier op aarde goed te doen en mijn plaats te laten beveiligen in het goddelijke koninkrijk. De belofte is dat ik met Jezus zal regeren.

Net als hij bij me, kan mijn vader het ook voor je doen, broer. Alles wat nodig is, is de houding en oprechte wil om te veranderen. Geef de wereld op en leef voor de schepper, degene die echt van je houdt.

Voor alles wat ik heb geleefd, kan ik zeggen dat het zeer de moeite waard is in vrede met jezelf, met de familie en met je buurman in het algemeen. Of het nu van elke religie, de keuze voor een leven gewijd aan God en dus de praktijk van het goede is de beste keuze die je maken.

Verspil geen tijd meer, verander, stap uit je duistere leven en kom aan de kant van het goede. Het koninkrijk van God wil al zijn kinderen verdienen voor een leven vol geluk. Nadat je verzoening hebt bereikt met je vader, neem je je ouders, broers en zussen en familieleden mee. Maak een verschil. Ik garandeer je dat je niet meer hetzelfde zult zijn.

Ik waardeer je aandacht tot nu toe. Een dikke knuffel, geluk en succes in uw inspanningen. Blijf bij God.

Bestemming

Koninkrijk van Licht, oktober 1982
De hogere raad kwam haastig bijeen om te overleggen over een belangrijke vraag: Wat zou de geest zijn die verantwoordelijk is voor het doen van een baan? Een van de leden nam het woord door het uitspreken van:

Deze baan is belangrijk. We moeten iemand kiezen die van ons vol vertrouwen is en die voorbereid is op de uitdaging van het leven op aarde.

Een verhitte discussie begon tussen de leden, elk met zijn suggestie. Omdat ze geen overeenstemming hebben bereikt, werd er snel gestemd waarin de gekozen vertegenwoordiger werd gekozen. De geest x en de aartsengel y werden gekozen voor hun bescherming.

Toen de keuze eenmaal gemaakt was, ademde Jahweh en werden de geesten naar de aarde gestuurd. Een voor een vleselijk lichaam en een voor een spiritueel lichaam, in staat om te overleven in de omgeving van de Aarde. Dit is hoe Goddelijk en zijn geliefde aartsengel op aarde aankwamen en dit is hetzelfde proces voor elk gekozen mens. We hebben allemaal de goddelijke essentie.

De missie

Goddelijk werd geboren en getogen te midden van verbazingwekkende moeilijkheden ergens in de backstage van Pernambuco. Intelligente en vriendelijke jongen, is altijd nuttig geweest voor mensen in het algemeen. Zelfs leven met vooroordelen, ellende en onverschilligheid gaf nooit op leven. Dit is een grote prestatie in het licht van politieke en sociale ontsteltenis waarin het noordoosten wordt ingevoegd.

Op 23-jarige leeftijd leefde hij met de eerste grote financiële en persoonlijke crisis. De problemen leidden hem naar het dieptepunt, een periode genaamd de donkere nacht van de ziel, waar hij God en zijn keuzes vergat. Goddelijk viel non-stop op een bodemloze klif tot er iets veranderde: Op het moment dat hij op de grond zou vallen, handelde de engel van Jahweh en bevrijdde hem. Glorie aan Jahweh!

Vanaf daar dingen begon te veranderen: Hij kreeg een baan, begon de universiteit en begon te schrijven voor therapie. Hoewel de situatie nog steeds moeilijk was, had het op zijn minst vooruitzichten voor verbetering.

DE WEG NAAR HET LEVEN

In de loop van de volgende vier jaar, voltooide hij universiteit, veranderde van baan, ophield het schrijven, en begon een opvolgen van zijn gift die begon te ontwikkelen. Zo begon de saga van de ziener.

De betekenis van visie

Goddelijk, de helderziende, behandelde zichzelf in een privé medische kliniek met een beroemde parapsycholoog. Na een lange behandeling van zes maanden kwam uiteindelijk tot een einde in de twaalfde sessie. Ik zal transcriberen in samenvatting van de vergadering hieronder:

De Heilig Lawrence kliniek was gelegen in het centrum van Atalanta, achterland van Pernambuco. Een eenvoudige single-story gebouw dat verloren ging in het midden van de gebouwen van wat was de hoofdstad van het achterland. Goddelijk was om acht uur 's ochtends aangekomen en als de dokter werd onmiddellijk bijgewoond. Ze gingen allebei naar een privékamer en bij aankomst daar gingen Goddelijk en dokter Hector Magen de kop in. De laatste heeft het contact begonnen:

"Ik heb goed nieuws. Ik ontwikkelde een stof die je spirituele elektrische impulsen kan omzetten in opneembare fotochemische eenheden via mijn apparaat. Afhankelijk van de resultaten zullen we tot een definitieve conclusie komen.

"Ik ben bang. Ik wil echter de hele waarheid weten. Ga je gang, dokter.

Goed, hoor.

Dokter Hector Magen bracht Goddelijk met een bord dichter bij een vreemd, cirkelvormig, uitgebreid apparaat vol benen en draden. Het apparaat had als een handlezer en zacht hielp de parapsycholoog de jonge mens om zijn handen te posten. Het contact veroorzaakte een intense schok in Goddelijk en de resultaten verschenen op een zoeker aan de andere kant. Seconden later trok Goddelijk zijn hand terug en drukte de arts het resultaat automatisch af.

In het bezit van het examen, maakte hij een gezicht van vreugde en keerde terug om te communiceren:

| 35 |

"Dat vermoedde ik ook. De visioenen die je hebt maken deel uit van een natuurlijk proces dat geassocieerd wordt met een ander leven. Je doel is om je op weg te helpen. Geen contra-indicaties.

"Je bedoelt dat ik normaal ben?

"Normaal. Stel dat je speciaal en uniek bent op de planeet. Ik denk dat we hier kunnen stoppen. Ik ben tevreden.

"Bedankt voor uw toewijding en inzet in mijn zaak. Vriendschap blijft.

"Ik zeg hetzelfde. Veel succes, zoon van God.

"Voor je ook, tot ziens.

"Doei!

Dat gezegd hebbende, de twee liepen ronduit weg. Deze dag markeerde de openbaring van Goddelijks visioenen en vanaf daar zou zijn leven de normale koers volgen.

Met de openbaring over de visioenen, goddelijk besloten om verder te gaan in het werk en hervat schrijven. Vanwege zijn gave noemde hij zichzelf "De Ziener" en begon hij de gelijknamige literaire serie te bouwen. Alles wat hij tot nu toe had gebouwd, liet hem zien hoe waardig het was om te werken aan een missie die door Jahweh zelf was toevertrouwd.

Goddelijk wordt nu geconfronteerd met het leven met optimisme. Hoewel het leven nog steeds verbaast verrassingen voor hem, hij volhardt in zijn doelen door het tonen van de waarde en het geloof van zijn persoon. Hij is een voorbeeld dat het leven en zijn moeilijkheden niet hebben vernietigd.

Het geheim van het succes ligt in het geloof in een grotere kracht die alles wat bestaat drijft. Gewapend met deze kracht, is het mogelijk voor de mens om barrières te overwinnen en zijn lot te vervullen gereserveerd in de levenslijnen.

Zie, het geheim is dit: "Om het leven te leven met vreugde, met geloof en hoop. Transformeer een deel van zijn werk voor het hele universum en dit is wat Goddelijk wil doen met zijn literatuur."

Veel succes voor hem en aan iedereen die bijdraagt aan de cultuur van dit land. Veel succes voor iedereen en een liefdevolle knuffel.

Authenticiteit in een beschadigde wereld
Verdriet in moeilijke tijden

De onrechtvaardige vergaan en meestal probeert de schuld op God en anderen. Hij realiseert zich niet dat hij de vruchten van zijn arbeid. Het advies is dat ik me geen zorgen maak over het succes van anderen of jaloers op hem ben. Probeer te begrijpen en vind je eigen weg door goede werken. Wees eerlijk, waar en authentiek boven alles en dan zal de overwinning komen door te verdienen. Degenen die hun vertrouwen in Jahweh zullen komen teleurgesteld in een mum van tijd.

Leven in een beschadigde wereld

De wereld van vandaag is dynamisch, competitief en vol geweld. Goed zijn deze dagen is een echte uitdaging. Vaak trouwe ervaringen situaties van verraad, onwaarheid, afgunst, hebzucht, liefdeloosheid. Mijn vader zoekt het omgekeerde: vriendelijkheid, samenwerking, naastenliefde, liefde, vastberadenheid, klauw en geloof. Maak je keuze. Als je goed kiest, beloof ik je hulp bij alle goede doelen. Ik zal mijn vader om zijn dromen vragen en hij zal naar me luisteren omdat alles mogelijk is voor degenen die in God geloven.

Cultiveren gestolde waarden die u zekerheid en vrijheid geven. Uw vrije wil moet worden gebruikt voor uw glorie en welzijn. Kies ervoor om een apostel van het goede te zijn. Maar als je het pad van de duisternis bewandelt, zal ik je niet kunnen helpen. Ik zal verdrietig zijn, maar ik respecteer elke beslissing van je. Je bent helemaal vrij.

Voor een zee van modder is het mogelijk om goed water te filteren en dit is wat ik met je wil doen. Het verleden doet er niet meer toe. Ik zal je de man van de toekomst maken: Gelukkig, stil en voldaan. We zullen voor altijd gelukkig zijn voor God de Vader.

Zolang er goed is, zal de aarde.

Maak je geen zorgen over de astronomische voorspellingen over het einde van het leven op aarde. Hier is iemand die groter is dan ze. Zolang er goed op aarde is zal het leven blijven voor zo ik wens. Naarmate de tijd vordert, verspreidt het kwaad zich op de aarde en besmet mijn plantages. Er zal een tijd komen dat alles geconsumeerd zal worden en de scheiding tussen goed en slecht zal worden gemaakt. Mijn koninkrijk zal op u komen waardoor het succes van de gelovigen. Op deze dag van de Heer zal worden betaald de schulden en de verdeling van geschenken.

Mijn koninkrijk is een koninkrijk van geneugten waar gerechtigheid, de soevereiniteit van de vader en het gemeenschappelijke geluk zullen zegevieren. Iedereen, groot en klein, zal buigen voor zijn glorie. Amen.

De Rechtvaardigen zullen niet geschokt worden.

In het midden van stormen en aardbevingen, wees niet de ik. Voor jullie is er een sterke God die je zult steunen. Zijn authenticiteit, eer, trouw, vrijgevigheid en vriendelijkheid redde hem. Hun broederlijke daden zullen hen voor de grote leiden en jullie zullen als wijs worden beschouwd. In het leven heb je genoeg aangetoond om gerechtvaardigd en verheven te worden. Leven!

Wees de uitzondering

Zie, ik ben rechtvaardig, ik loop integer, ik beoefen rechtvaardigheid, ik spreek de waarheid, ik belaster niet en ik doe anderen geen kwaad. Ik ben de uitzondering in een wereld waar macht, prestige, invloed en de buitenwereld het belangrijkst zijn. Daarom smeek ik u, de heer, bescherm me met uw vleugels en uw schild tegen al mijn vijanden. Moge mijn authenticiteit vruchten afwerpen en me onder de grote plaatsen door het te verdienen.

Ze die gerechtigheid en rechtheid verachten, kennen u noch uw geboden. Deze zullen uit jullie schuur worden gehaald en naar mo.

In het meer van vuur en zwavel worden gegooid, waar ze dag en nacht zullen betalen zonder op te houden voor hun zonden. Iedereen die oren heeft die luistert.

Mijn fort

Mijn kracht is mijn geloof en mijn werken getuigen van mijn goedheid. Ik kan er geen genoeg van krijgen om anderen uit vrije wil te helpen. Als ik er niets voor terugkrijg, komt mijn prijs uit de hemel. Op de dag van de Heer, als ik in uw armen kom, zal ik het bewijs hebben dat mijn inspanningen de moeite waard zijn geweest.

Mijn God is de God van het onmogelijke en zijn naam is Jahweh. Hij heeft talloze wonderen in mijn leven gedaan en behandelt me als een zoon. Gezegend wees je naam. Ook samen met ons in deze keten van goed: Help de getroffenen en de zieken, help de behoeftige, instrueren de onwetenden, geef goed advies, geven aan degenen die niet kunnen terugbetalen, en dan zal uw beloning groot zijn. Zijn verblijfplaats zal in het koninkrijk van de hemel voor mij en mijn vader zijn, en dan zul je proeven van waar geluk.

De waarden

Cultiveren van de waarden voorgesteld in de geboden en goddelijke wetten. Bouw je eigen authenticiteit en geschiktheid. Het is de moeite waard om een apostel van de zaligheid op aarde te zijn, je zult prachtige gaven en genaden ontvangen die je gelukkig zullen maken. Veel geluk en succes in uw inspanningen is wat ik wens met heel mijn hart.

Op zoek naar innerlijke vrede

De Schepper God

Het universum en alles wat erin staat is het werk van de Heilige Geest. De belangrijkste kenmerken van dit wezen van prachtige glorie zijn: Liefde, trouw, vrijgevigheid, kracht, macht, soevereiniteit, genade en rechtvaardigheid. Goede dingen wanneer ze perfectie bereiken worden geassimileerd door licht en kwade dingen worden geabsorbeerd door duisternis en verlaagd tot lagere graden in de volgende incarnaties. Hemel en hel zijn alleen sensaties en geen specifieke plaatsen.

Ware liefde

Hoewel het een grote en krachtige God, Jahweh zorgt voor elk van zijn kinderen persoonlijk of door zijn dienaren. Hij zoekt ons geluk tegen elke prijs. Net als een moeder of vader, steunt hij ons en helpt ons door moeilijke tijden door het onthullen van een onbegrijpelijke liefde voor de mens. Echt, op aarde, vinden we niet in mannen dit soort pure en renteloze liefde.

Herken jezelf zondaar en beperkt

Arrogantie, trots, zelfvertrouwen, illusie en zelfredzaamheid zijn goddeloze vijanden van de mensheid. Besmet, ze beseffen dat ze zijn alleen een eenvoudige massa van stof. Zie en vergelijk: ik die de zonnen, de zwarte gaten, de planeten, de sterrenstelsels en de andere sterren heeft gemaakt, ik schep er niet over op hoe meer je. Geef je over aan mijn macht en neem nieuwe houdingen aan.

De invloed van de moderne wereld.

De wereld van vandaag creëert onoverkomelijke barrières tussen de mens en de schepper. We leven omringd door technologie, kennis, kansen en uitdagingen. In zo'n competitieve wereld vergeet de mens de directeur, zijn relatie met je. We moeten zijn als de oude leraren die God onophoudelijk zochten en doelen hebben volgens zijn wil. Alleen op deze manier zal succes tot u komen.

Hoe te integreren met de vader.

Ik ben het bewijs dat God bestaat. De schepper heeft me getransformeerd van een kleine gortdroger naar een internationaal erkende man. Dit alles was mogelijk omdat ik geïntegreerd met mijn vader.

Hoe was dat mogelijk? Ik heb afstand gedaan van mijn individualiteit en de krachten van het licht volledig laten handelen in mijn relaties. Doe wat ik doe en voer ons koninkrijk van geneugten waar melk en honing stroomt, het paradijs beloofd aan de Israëlieten.

Het belang van communicatie

Vergeet je religieuze verplichtingen niet. Wanneer je of, minstens eenmaal per dag, vurig bidden voor u en de wereld. Tegelijkertijd zul je ziel vol genaden zijn. Alleen ze die volharden kunnen het wonder bereiken.

De onderlinge afhankelijkheid en wijsheid van de dingen.

Kijk naar het universum en je zult zien dat alles een reden en een functie heeft, zelfs als ze klein zijn voor het functioneren van het geheel. Zo ook is het met goed dat een legioen bereid is om voor ons te vechten. Voel de God in je.

Geef niemand de schuld.

Geef het lot of God niet de schuld van het resultaat van je eigen keuzes. Integendeel, denk over hen en probeer niet dezelfde fouten te maken. Elke ervaring moet dienen als een leer te worden geassimileerd.

Deel uitmaken van een geheel

Onderschat je werk op aarde niet. Heb het net zo belangrijk voor jullie evolutie en die van anderen. Voel je gezegend om deel uit te maken van het grote theater van het leven.

Niet klagen

Het maakt niet uit hoeveel je probleem, het leven probeert aan te tonen dat er mensen in slechtere situaties dan de jouwe. Het blijkt dat een groot deel van ons lijden psychologisch wordt opgelegd door een geïdealiseerde standaard van gezondheid en welzijn. We zijn zwak, corrupt en naïef. Maar de meeste mensen denken dat je een eeuwige superheld bent.

Zie vanuit een ander oogpunt

Op het moment van nood, probeer te kalmeren. Let op de situatie vanuit een ander oogpunt en dan wat in eerste instantie ziet eruit als een slechte zaak zal zeker zijn positieven. Mentaal, concentreren en proberen om een nieuwe richting te nemen voor je leven.

Een waarheid

We zijn zo verdronken in onze zorgen dat we niet eens de kleine geschenken, wonderen en routinewerker die we uit de hemel ontvangen, maken. Wees daar blij mee. Met een beetje moeite, zul je nog meer gezegend worden omdat mijn vader je het beste wenst.

Denk aan de andere

Als je gedachten hoog in het belang zijn van je broer, smullen de hemel. Handelend royaal, is onze geest licht en klaar voor hogere vluchten. Doe altijd deze oefening.

Vergeet de problemen

Oefen creativiteit, lezen, mentaliteit, meditatie, liefdadigheid, en gesprek, zodat problemen niet teisteren je ziel. Niet lossen van de zware lading die u op anderen die niets te maken heeft met uw persoonlijke problemen. Maak uw dag vrijer en productiever door vriendelijk te zijn.

Gezicht geboorte en dood als processen.

Geboren worden en sterven zijn natuurlijke gebeurtenissen die met sereniteit bekeken moeten worden. De grootste zorg is wanneer men leeft om onze houding om te zetten in voordelen in de eerste plaats voor anderen. De dood is alleen een passage die ons naar een hoger bestaan leidt met prijzen die gelijkwaardig zijn aan onze inspanningen.

Onsterfelijkheid

De mens wordt eeuwig door zijn werken en waarden. Dit is de erfenis die het zal achterlaten voor toekomstige generaties. Als de vruchten van de bomen slecht zijn dan heeft de ziel geen waarde voor de schepper wordt geplukt en geworpen in de buitenste duisternis.

Heb een actieve houding

Blijf daar niet staan. Zoek kennis van nieuwe culturen en ontmoet nieuwe mensen. Uw culturele bagage zal groter zijn en dus de resultaten zullen beter zijn. Wees ook een wijs man.

God is geest

Liefde is niet te zien, voel je. Zo ook is met de Heer, kunnen we hem niet zien, maar we voelen dagelijks in ons hart zijn broederlijke liefde. Bedank elke dag voor alles wat hij voor je doet.

Een visie van geloof

Geloof is iets om in ons dagelijks leven op te bouwen. Voed haar met positieve gedachten en stevige houding vergeleken met haar doel. Elke stap is belangrijk op deze mogelijke lange reis.

Volg mijn geboden

Het geheim van succes en geluk ligt in het volgen van mijn geboden. Het heeft geen zin om in woorden te verklaren dat je van me houdt als je niet volgt wat ik zeg. Werkelijk degenen die van me houden zijn degenen die voldoen aan mijn wet.

Het dode geloof

Elk geloof zonder werken is echt dood. Sommigen zeggen dat de hel vol goede bedoelingen zit en daarin ligt een grote waarheid. Het heeft geen zin om bereid te zijn, maar je moet bewijzen dat je van me houdt.

Heb een andere visie

Niet alle lijden of nederlaag is volledig kwaad. Elke negatieve ervaring die we ervaren brengt continu, sterk en blijvend leren in ons leven. Leer de positieve kant van de dingen te zien en je zult gelukkiger zijn.

Van zwakte komt kracht

Wat te doen in een delicate financiële situatie.

De wereld is dynamisch. Het is gebruikelijk om fasen van grote welvaart te danken aan perioden van grote financiële moeilijkheden. De meeste mensen als ze in een goede tijd vergeten te blijven vechten en het religieuze deel. Ze voelen zich gewoon zelfredzaam. Deze fout kan hen naar een donkere afgrond leiden waaruit het moeilijk zal zijn om te ontsnappen. Op dit moment is het belangrijk om de situatie koud te analyseren, de oplossingen te identificeren en met veel geloof in God te vechten.

Met een religieuze steun, zult u in staat zijn om obstakels te overwinnen en manieren van herstel te vinden. Geef jezelf niet te veel de schuld van je mislukte verleden. Het belangrijkste is om verder te gaan met een nieuwe mentaliteit gevormd verenigd aan het gruis en het geloof dat zal groeien in je hart als je je leven te geven aan mijn vader. Geloof me, hij zal de enige redding zijn voor al je problemen.

Zie, de man is verteld dat alles zal worden verleend aan hem, zolang hij altijd het pad van het goede bewandelt. Streef er daarom naar om de geboden van de heilige Schriften en de aanbevelingen van de heiligen te onderhouden. Wees niet trots op het punt van ze te kleineren, want door het voorbeeld van het leven waren ze in staat om God te herkennen in het midden van het puin. Denk erover na en veel geluk.

Geconfronteerd met gezinsproblemen

Sinds onze geboorte zijn we geïntegreerd in de eerste menselijke gemeenschap die de familie is. Het is de basis van onze waar-

DE WEG NAAR HET LEVEN

den en verwijzing in onze relaties. Wie een goede vader, echtgenoot of zoon is, zal ook een groot burger zijn die zijn taken vervult. Zoals elke groep zijn meningsverschillen onvermijdelijk.

Ik vraag u niet om wrijving te vermijden, dit is praktisch onmogelijk. Ik vraag jullie elkaar te respecteren, met elkaar samen te werken en van elkaar te houden. De familie die verenigd is zal nooit eindigen en samen grote dingen kunnen overwinnen.

Er is ook een spirituele familie geconsolideerd in de hemel: het Koninkrijk Jahweh, Jezus en Goddelijk. Dit koninkrijk predikt rechtvaardigheid, vrijheid, begrip, tolerantie, broederschap, vriendschap en vooral liefde. In deze spirituele dimensie is er geen pijn, huilen, lijden, of dood. Alles is achtergelaten en de gekozen gelovigen zijn gekleed met een nieuw lichaam en een nieuwe essentie. Zoals geschreven", de rechtvaardigen zal schijnen als de zon in het koninkrijk van hun vader."

Het overwinnen van een ziekte of zelfs de dood.

Lichamelijke ziekte is een natuurlijk proces dat optreedt wanneer iets niet goed gaat met ons lichaam. Als de ziekte niet ernstig is en wordt overwonnen, speelt het de rol van natuurlijke reiniging van de ziel die nederigheid en eenvoud consolideert. In het lijden aan de ziekte is dat we in een tijd van onze kleinheid en op hetzelfde moment dat we overspoelen met de grootheid van God die alles kan doen.

Bij een dodelijke ziekte is het definitieve paspoort voor een ander plan en volgens ons gedrag op de grond worden we toegewezen in het specifieke plan. De mogelijkheden zijn: Hel, limbo, hemel, stad van mensen en vagevuur. Elk is bedoeld voor een van hen volgens hun evolutionaire lijn. Op dit moment krijgen we alleen precies wat we verdienen, niet meer, niet minder.

Voor degenen die op aarde blijven, blijft het verlangen naar familie degenen en het leven volgt. De wereld is geen stop voor iedereen, absoluut niemand is onvervangbaar. Goede werken blijven echter bestaan en getuigen van ons. Alles zal voorbijgaan, behalve de kracht van God die eeuwig is.

Jezelf ontmoeten

Waar is mijn geluk? Wat te doen om goed op aarde te blijven? Dat is wat veel mensen vragen. Er is niet veel van een bedrijfsgeheim, maar de winnende mensen zijn meestal degenen die hun tijd besteden aan het welzijn van anderen en de mensheid. Door anderen te dienen, voelen ze zich compleet en zijn ze meer bereid om lief te hebben, te relateren en te winnen.

Onderwijs, geduld, tolerantie en angst voor God zijn belangrijke elementen in het opbouwen van een zeldzame en bewonderenswaardige persoonlijkheid. Door dit te doen, zal de mens in staat zijn om God te vinden en precies te weten wat hij verlangt voor zijn leven. Je denkt misschien zelfs dat je op de goede weg bent, maar zonder deze kwaliteiten ben je gewoon nep. Je houdt alleen van mensen die zich echt overgeven en die elkaars kant begrijpen. Leer van me dat ik rein ben, bewust van mijn goden, God-zorg daden gewijd aan mijn projecten, begrip, liefdadig, en liefdevol. Het zal speciaal worden voor mijn vader en de wereld zal worden bewaard. Vergeet niet: Nee voor de groter dan de afgrond of duisternis in je leven, van zwakte komt kracht.

Sophia

Gerechtigheid

Rechtvaardigheid en onrecht zijn drempels voor elkaar, en ze zijn relatief in uiterlijk. Laten we het verdelen in twee takken: dat van het koninkrijk van God en dat van de menselijke koninkrijken. Over God is gerechtigheid nauw verbonden met de soevereiniteit van Jahweh, wat wordt aangetoond door zijn geboden, een totaal van dertig volgens mijn visie. Het is een praktische zaak: of je volgt de normen van het koninkrijk van God of niet en voor degenen die weigeren om de grootsheid van deze doelen te zien blijft de klaagzang van een ziel die verloren is gegaan. Opstandige zielen die er op een bepaald moment in het leven in slagen om weer op te staan, kunnen echter sterk geloven in de genade van Jahweh, zijn heilige vader. God de vader is een wezen van oneindige opdrachten.

De menselijke rechtvaardigheid heeft zijn eigen richtlijnen in elk land. Mannen na verloop van tijd streven naar vrede en recht op aarde te waarborgen, ook al gebeurt dit niet altijd. Dit is te wijten aan verouderde wetgeving, corruptie, vooroordelen tegen minderjarigen en menselijk falen zelf. Als je je onrecht aangedaan voelt zoals ik ooit heb gevoeld, geef dan je pleidooi aan God. Hij zal de pijn begrijpen en zorgen voor zijn overwinning op het juiste moment.

Onrecht in elk opzicht is een kwaad van de oude en hedendaagse mensheid. Het moet bestreden worden zodat de rechtvaardigen kunnen hebben wat recht van je is. Wat niet kan gebeuren is proberen om recht te doen op haar per se. Vergeet niet dat het niet God is om iemand te veroordelen en te veroordelen.

"Als ik je aanroep, antwoord me, God van mijn gerechtigheid". (SM 4.2)

Het toevluchtsoord op het juiste moment.

We zijn spirituele wezens. Op een bepaald punt in ons bestaan in de hemel, worden we gekozen en geïncarneerd in een menselijk lichaam op het moment van bevruchting. Het doel is om de missie te vervullen door zich te ontwikkelen met andere mensen. Sommige met grotere missies en anderen met kleinere, maar allemaal met een functie die de planeet niet kan opgeven.

Ons eerste contact is binnen een gezin en het is meestal met deze mensen dat we langer en gedurende ons leven. Zelfs de kinderen die met de familieband trouwen, zijn niet gedoofd.

Met sociaal contact hebben we toegang tot andere verschillende opvattingen van ons. Dat is precies waar het gevaar ligt. Tegenwoordig hebben we een enorme generatie jonge mensen die op zoek zijn naar de slechte kant. Het zijn tieners en volwassenen die hun ouders niet respecteren, de drug aanbidden en het laten stelen en zelfs doden. Zelfs zogenaamde vertrouwde mensen kunnen een gevaar verbergen als ze ons proberen te beïnvloeden om kwaad te doen. Er is ook de andere kant: gebombardeerd door onwaarheid, geweld, pesten, vooroordelen, liegen, ontrouw velen geloven in het menselijk ras en dicht bij nieuwe vriendschappen. Het is heilzaam om na te denken dat het echt moeilijk is om betrouwbare mensen te vinden, maar als je een van deze geluk houden ze aan de rechtere linkerkant van je borst voor de rest van je leven.

Blootgesteld dit, wanneer je valt in enkele ongeluk, wenden tot je ware vrienden of naaste familie en als je nog steeds niet de steun te vinden op zoek naar God *het toevluchtsoord op het juiste moment*. Hij is de enige die hem niet meer in de steek wil laten, omdat zijn situatie gevaarlijk is. Geef je pijn en je geloof op betere dagen in de God van het onmogelijke en je zult je niet bekeren.

"In angst je troostte me. Heb genade met me en luister naar me. Gebed. (Psalm 4.2)

De verleiding van de wereld verzen de weg van God.

De wereld is het grote gebied waar kinderen van God en de duivel werken voor hun doelen. Zoals in elke wereld die achterblijft in termen van evolutie, leven we een bloedige dualiteit die mensen verstikt in groepen die samen de samenleving vormen.

Hoewel we zeggen dat de meeste mensen goede bedoelingen hebben, wat je ziet is een virtualisatie van gezond verstand. De meesten verkiezen de dingen van de wereld boven de dingen van God. Mensen hunkeren naar macht, geld, concurreren voor prestige, zinken in weerbarstige partijen, praktijk uitsluiting en onhandelbaar, de praktijk roddels en laster de andere, de voorkeur aan de schaal van de rangorde te beklimmen door te bedriegen, aan de kaak stellen en het passeren van anderen. Ik, als vertegenwoordiger van Jahweh, twijfel er niet aan dat deze mensen niet van God zijn. Ze zijn dochters van de duivel, strikken die genadeloos verbrand zullen worden in de larven van de afgrond in de afrekening. Het is geen oordeel, het is de realiteit in de plant-oogst relatie.

Als je waarden hebt en vertrouwen hebt in de krachten van het goede, nodig ik je uit om deel uit te maken van het koninkrijk van je vader. Door afstand te doen van de wereld, zul je eindelijk de grootsheid en goedheid van onze God zien. Een vader die je accepteert zoals je bent en die van je houdt met liefde die groter is dan je begrip bereikt. Maak je keuze. Hier is alles vluchtig en naast ons u ervaren wat het woord werkelijk betekent *"Volledig geluk."*

"O mannen, hoe lang zul je zijn hart verhard hebben, ijdelheid liefhebben en de leugen zoeken? (Psalm 4:3.)

Kennismaken met Jahweh

Jahweh is het mooiste wezen dat er is. Uit eigen ervaring heb ik het gezicht gekend van deze liefhebbende vader die altijd ons goed wil. Waarom geef je hem dan geen kans? Geef je kruisen en hoopt op hem, zodat een sterke hand je leven kan transformeren. Ik garandeer je dat je niet meer hetzelfde zult zijn. Ik hoop van harte dat u deze paar woorden zal weerspiegelen en een definitieve beslissing in uw leven te nemen. Ik zal op je wachten. Succes. Ik hou van jullie, broeders!

De rechtvaardigen en de relatie met Jahweh.
De relatie met Jahweh

Bedank je geestelijke vader altijd voor alle genaden die hij zijn hele leven heeft gegeven. Dankbaar en blij dat Jahweh hem het leven gaf is een verplichting. Zijn naam is heilig en bedekt met glorie in alle delen van de wereld. Bij nood of noodzaak toevlucht nemen tot het en zeker zal zijn wegen te openen met een definitieve oplossing voor uw probleem.

Spreken van problemen, velen van hen hebben als de oorzaak van de actie van hun vijanden. Beroep met vertrouwen op mijn vader en iedereen die wil kwaad zal struikelen. Weet dat God de vader altijd aan uw zijde zal staan, gewoon meer vertrouwen in hem zal hebben. De rechtvaardigen zijn altijd uitgerust door de vader. Het is echter belangrijk dat je een aanpak probeert met je antipathieën. Maak je vijand een trouwe vriend of op zijn minst een vriendschappelijke relatie. Een intrige houdt de ziel in duisternis, weg van goddelijke actie en geen gebruik klagen over de afwezigheid, heb je zelf weggehouden met je wrok en minachting tegenover anderen. Denk er eens over na.

Ja, God zal van je houden en voldoen aan je verwachtingen in de mate van het goede dat je anderen hebt aangedaan. Zorg ervoor dat als je het volledig opgeeft, hij zijn mensen voor je zult laten vechten in elke interne en externe oorlog die zich voordoet. Hij zal in staat zijn om de zee te openen of naties te vernietigen voor zijn bestwil, want met geloof heb je je tot hem gewend.

Hij doet dit zodat hij zijn heerlijkheid kan zingen en in de ontzetting zijn ziel zich bij de uitverkoren zielen kan voegen om met Jezus te beteugelen. Het koninkrijk van God wordt beetje bij beetje gebouwd en de meeste van haar leden zijn de armen en nederige van hart. In deze spirituele dimensie is er alleen vrede, geluk, geloof, gelijkheid, samenwerking, broederschap en liefde zonder grenzen onder haar leden. Ze die het pad van de duisternis wilden volgen, zijn nu het meer van vuur en zwavel, waar ze dag en nacht gekweld zullen worden vanwege de ernst van hun zonden.

Dit wordt goddelijke gerechtigheid genoemd. Gerechtigheid geeft wat iedereen verdient door recht en hij doet dat ter ere van de onderdrukten, de minderheden, de lijdende armen, alle kleintjes in de wereld die lijden in de handen van de conservatieve elite. Naast gerechtigheid wordt goddelijke genade gevonden, onverbrandbaar en ondoordringbaar voor elke geest. Daarom is hij God, iemand die altijd met open armen zal zijn om zijn kinderen te ontvangen.

Wat u moet doen

Ik ontmoette de goddelijke vader op het moeilijkste moment van mijn leven, op een moment dat ik dood was en mijn hoop op was. Hij leerde me zijn waarden en rehabiliteerde me volledig. Hij kan hetzelfde met je doen. Het enige wat je hoeft te doen is de actie van zijn glorieuze naam in zijn leven accepteren.

Ik volg enkele diepgaande waarden: Liefde eerst, begrip, respect, gelijkwaardigheid, samenwerking, tolerantie, solidariteit, nederigheid, onthechting, vrijheid en toewijding aan de missie. Probeer om voor uw eigen leven te geven en belaster niet andere omdat Jahweh harten beoordeelt. Als iemand je pijn doet, niet heroverwegen, draai de andere wang en het overwinnen van uw wrok. Iedereen mist en verdient nog een kans.

Probeer je geest te bezetten met werk- en vrijetijdsactiviteiten. Nietsdoen is een gevaarlijke vijand die je naar de ultieme ondergang kan leiden. Er is altijd wel iets te doen.

Probeer ook je spirituele deel te versterken, je kerk regelmatig te bezoeken en raad te krijgen van je spirituele gids. Het is altijd goed om een second opinion te hebben als we twijfelen over een beslissing die moet worden genomen. Wees voorzichtig en leer van je fouten en successen.

Bovenal, wees jezelf in alle situaties. Niemand bedriegt God. Handel in eenvoud en wees altijd trouw dat God je nog grotere posities zal toevertrouwen. Hun grootheid in de hemel zal worden gekwantificeerd in hun dienstbaarheid, de kleinste van de aarde zal worden gesierd met speciale plaatsen, dicht bij het grotere licht.

Ik geef je al mijn hoop.

Heer Jahweh, u die dag en nacht naar mijn inspanningen let, vraagt u om de leiding, bescherming en moed om mijn kruisen te blijven dragen. Zegen mijn woorden en daden, zodat ze altijd goed zijn, verslapte mijn lichaam, mijn ziel, en mijn geest. Moge mijn dromen uitkomen geen zee zo ver als ze kunnen zijn. Sta me niet toe naar rechts of naar links te draaien. Als je sterft, geef me dan de genade van het leven met de uitverkorenen. Amen.

Vriendschap

Echte vriend is degene die bij je is in de slechte tijden. Hij is degene die je verdedigt met zijn eigen ziel en leven. Laat je niet misleiden. In tijden van bonanza, zult u altijd omringd door mensen met de meest uiteenlopende interesses. Maar in de donkere tijden, alleen de ware blijven. Vooral je familie. Degenen die zoveel impliceren en hun goeds willen zijn hun ware vrienden. Andere mensen komen altijd dichtbij vanwege voordelen.

"Je eet alleen honingbrood met me als je gras met me eet." Deze ware zin vat samen aan wie we echte waarde moeten geven. De passerende rijkdom trekt veel interesses en mensen transformeren. Weet hoe je over dingen na moet denken. Wie was er bij je in armoede? Het zijn deze mensen die echt uw stem van vertrouwen verdienen. Laat je niet misleiden door de valse passies die pijn doen. Analyseer de situatie. Zou dat iemand hetzelfde gevoel voor je hebben als je een arme bedelaar was? Mediteer erover en je vindt je antwoord.

Wie je in het openbaar ontkent, is zijn liefde niet waard. Iedereen die bang is voor de samenleving is niet bereid om gelukkig te zijn. Veel mensen bang om afgewezen te worden vanwege hun seksuele geaardheid wijzen hun partners in het openbaar af. Dit veroorzaakt ernstige psychische stoornissen en aanhoudende emotionele pijn. Het is tijd om je keuzes te heroverwegen. Wie houdt er echt van je? Ik weet zeker dat deze persoon die je in het openbaar heeft afgewezen er niet bij hoort. Neem moed en verander het traject van je leven. Laat het verleden achter je, maak een goed plan en ga verder. Op het moment dat je stopt met lijden voor de ander en de teugels van je leven neemt, zul je pad lichter en gemakkelijker zijn. Wees niet bang en neem een radicale houding aan. Alleen dat kun je bevrijden.

Vergeving

Vergeving is uiterst nodig om gemoedsrust te bereiken. Maar wat betekent het om te vergeven? Vergeving is niet te vergeten. Vergeven is

DE WEG NAAR HET LEVEN

een einde maken aan een situatie die jullie verdriet heeft gebracht. Het is onmogelijk om herinneringen te wissen aan wat er gebeurd is. Dit neem je voor de rest van je leven mee. Maar als je vast komt te zitten in het verleden, zul je nooit leven in het vandaag en je zult niet gelukkig zijn. Laat de anderen je vrede niet wegnemen. Vergeef me dat ik vooruitga en nieuwe ervaringen heb. Vergeving zal jullie eindelijk bevrijden en jullie zullen klaar zijn om een nieuwe visie op het leven te hebben. Die man die je liet lijden kun je leven niet verwoesten. Denk dat er andere goede mannen in staat zijn om u te voorzien van goede tijden. Heb een positieve houding. Alles kan beter worden als je het gelooft. Onze positieve vibraties beïnvloeden ons leven op zo'n manier dat we kunnen zegevieren. Heb geen negatieve of kleine houdingen. Dit kan leiden tot vernietigende resultaten. Weg met al het kwaad dat door je ziel loopt en alleen goed filtert. Hou gewoon wat goede dingen aan je toevoegt. Geloof me, je leven zal beter worden na deze houding.

Praat eerlijk tegen je afkeer. Maak uw verwachtingen duidelijk. Leg uit dat je het vergeven hebt, maar je geeft het geen tweede kans. Het herbeleven van een liefdevol verleden kan destructief zijn voor beide. De beste keuze is om een nieuwe richting te nemen en proberen om gelukkig te zijn. We verdienen allemaal geluk, maar niet iedereen gelooft erin. Weet hoe je op Gods tijd moet wachten. Wees dankbaar voor de goede dingen die je hebt. Blijf zoeken naar je dromen en je geluk. Alles gebeurt op het juiste moment. De plannen van de maker voor ons zijn perfect en we weten niet eens hoe we het moeten begrijpen. Geef je leven volledig aan Gods ontwerpen en alles zal werken. Omarm je missie met vreugde en je zult plezier hebben in het leven. Het gevoel van vergeving zul je leven transformeren op een manier waar je nooit aan gedacht hebt en die slechte gebeurtenis zal alleen maar een verouderd obstakel zijn. Als je niet leert in de liefde, leer je in pijn. Dit is een gezegde dat op die situatie van toepassing is.

Je weg vinden

Elke persoon heeft een bepaald en uniek traject. Het heeft geen zin om parameters te volgen. Belangrijk is om de mogelijkheden te onderzoeken. Het hebben van voldoende informatie is van het grootste belang om een professionele of liefdevolle beslissing te nemen. Ik ben van mening dat de financiële factor moet worden overwogen, maar het mag niet onmisbaar zijn in uw beslissing. Vaak maakt wat ons gelukkig maakt geen geld. Het zijn de situaties en sensaties van een bepaald gebied. Ontdek je gave, denk na over je toekomst en neem een beslissing. Wees blij met je keuzes. Velen van hen veranderen ons lot definitief. Dus denk goed na voor de keuzes.

Als we de juiste keuze maken, stroomt alles in ons leven perfect. De juiste keuzes leiden ons tot praktische en blijvende resultaten. Maar als je een fout neemt in je beslissing, verander je plannen en probeer het de volgende keer goed te doen. Je zult de verloren tijd niet goedmaken, maar het leven heeft je een nieuwe kans op succes gegeven. We hebben recht op elke kans die het leven ons geeft. We hebben het recht om het zo vaak mogelijk te proberen. Wie heeft er nooit een fout gemaakt in hun leven? Maar respecteer altijd de gevoelens van anderen. Respecteer de beslissingen van anderen. Accepteer je falen. Dat zul je capaciteit niet verminderen. Omarm je nieuwe start en zondig niet meer. Weet je nog wat Jezus zei? We kunnen zelfs vergeven, maar je moet je schamen en je houding veranderen. Alleen dan zul je bereid zijn om weer gelukkig te zijn. Geloof in je kwaliteiten. Heb goede ethische waarden en verneder jezelf aan niemand. Maak een nieuw verhaal.

Hoe te leven op het werk.

Werk is ons tweede thuis, de uitbreiding van ons geluk. Het moet een plaats van harmonie, vriendschap en medeplichtigheid zijn. Dit is echter niet altijd mogelijk. Waarom gebeurt dit? Waarom ben ik niet gelukkig op het werk? Waarom word ik vervolgd? Waarom werk ik

DE WEG NAAR HET LEVEN

zo hard en ben ik nog steeds arm? Deze en vele andere kwesties kunnen hier worden besproken.

Werk is niet altijd harmonisch omdat we met verschillende mensen leven. Elke persoon is een wereld, heeft zijn eigen problemen en het beïnvloedt iedereen rond. Dat is waar de gevechten en de meningsverschillen gebeuren. Dit veroorzaakt pijn, frustratie en woede. Je droomt altijd van een perfecte werkplek, maar als het gaat om teleurstelling brengt het je ongemak. Als gevolg daarvan waren we ongelukkig. Vaak is zijn werk zijn enige financiële steunpunt. We hebben geen optie om ontslag te nemen, ook al willen we dat vaak. Je annuleert en komt in opstand. Maar hij blijft in de baan uit noodzaak.

Waarom worden we achtervolgd door bazen en collega's? Er zijn vele redenen: Afgunst, vooroordelen, autoritarisme, liefdeloosheid. Het markeert ons voor altijd. Dit maakt een gevoel van minderwaardigheid en desillusie. Het is vreselijk om de vrede te bewaren als je wilt schreeuwen naar de wereld die juist is. Je doet het perfect en je wordt niet herkend. Je krijgt geen complimenten, maar je baas maakt een punt van kritiek op je. Je hebt duizend keer geslagen, maar als je een fout maakt als je incompetent wordt genoemd. Hoewel ik weet dat het probleem niet in je zit, maakt het logische trauma's in je geest. Je wordt een werkobject.

Waarom werk ik zo hard en ben ik arm? Dat moet een reflectie zijn. We leven in het kapitalisme, een wild economisch systeem waarin de armen worden uitgebuit om rijkdom te maken voor de rijken. Dit gebeurt in alle sectoren van de economie. Maar in dienst zijn kan een optie zijn. We kunnen ondernemen in bijna alle sectoren met weinig geld. We kunnen ons bedrijf creëren en bazen van onszelf zijn. Dit brengt ons ongelooflijk zelfvertrouwen. Maar niets kan worden gedaan zonder planning. We moeten de positieve en negatieve kant bespreken, zodat we kunnen beslissen welke de beste manier is. We moeten altijd een achtergrond hebben, maar bovenal moeten we gelukkig zijn. We moeten actief zijn en protagonisten van onze geschiedenis worden. We moeten het "ontmoetingspunt" van onze behoeften vinden. Vergeet niet dat je de enige bent die weet wat het beste voor je is.

Leven met har gehumeurde mensen op het werk.

Vaak vind je op het werk je ergste vijand. Die saaie persoon die je achterna zit en dingen uitvindt om je pijn te doen. Anderen mogen je niet zonder aanwijsbare reden. Dit is zo pijnlijk. Leven met vijanden is iets vreselijks. Het vergt veel controle en moed. We moeten de psychologische kant versterken om al deze obstakels te overwinnen. Maar er is ook een andere optie. U van baan wisselen, een overdracht aanvragen of uw eigen bedrijf maken. Veranderende omgevingen helpt soms veel van de situatie waarin je je bevindt.

Hoe om te gaan met overtredingen? Hoe te reageren in het gezicht van verbale aanvallen? Ik denk niet dat het goed is om je mond te houden. Dat geeft een valse indruk dat je een dwaas bent. Reageren. Laat niemand je pijn doen. Je moet dingen scheiden. Het is een ding voor je baas om resultaten te verzamelen van je werk, en een ander ding is om je te achtervolgen. Laat niemand je vrijheid verstikken. Wees zelfstandig in je beslissingen.

Voorbereiden op een zelfstandig werkinkomen

Om het werk te kunnen verlaten en onafhankelijk te zijn, moeten we de markt analyseren. Investeer je potentieel in wat je het liefst doet. Het is geweldig om te werken aan wat je wilt. Je moet geluk combineren met financiële inkomsten. Werk en maak een goede financiële reserve. Investeer dan met planning. Bereken al uw stappen en stappen. Onderzoek en overleg met deskundigen. Wees zeker van wat je wilt. Met een manier om te gaan, zal alles makkelijker voor je zijn.

Als je eerste optie niet werkt, herwaardeer je je pad en blijf je doelen. Geloof in je potentieel en talent. Moed, vastberadenheid, durf, geloof en volharding zijn de onmisbare elementen van succes. Zet God op de eerste plaats en alle andere dingen zullen worden toegevoegd. Heb vertrouwen in jezelf en wees gelukkig.

Analyse van de mogelijkheden van specialisatie in studies.

Studeren is onmisbaar voor de arbeidsmarkt en voor het leven in het algemeen. Kennis aggregaten en transformeert ons. Het lezen van een boek, het volgen van een cursus, het hebben van een beroep, en het hebben van een brede kijk op dingen helpt ons groeien. Kennis is onze macht tegen de aanvallen van onwetendheid. Het brengt ons op een duidelijker en preciezer pad. Daarom, gespecialiseerd in uw beroep en een competente professional. Wees origineel en creëer consumententrends. Bevrijd jezelf van pessimisme, neem meer risico's en volhard. Geloof altijd in je dromen omdat ze je kompas zijn in de vallei van de duisternis. We kunnen alles in hem doen wat ons versterkt.

Onderzoek uw vakgebied. Leermechanismen maken. Vind jezelf opnieuw uit. Worden waar je altijd van hebt gedroomd, kan mogelijk zijn. Het enige wat nodig is, is één plan van aanpak, planning en wilskracht. Creëer je eigen succes en je zult gelukkig zijn. Succesvol voor je.

Hoe te leven in de familie.
Wat is Familie

Familie zijn de mensen die bij je wonen, of ze nu familie zijn of niet. Het is de eerste familiekern waar je deel van uitmaakt. Over het algemeen bestaat deze groep uit vader, moeder en kinderen.

Het hebben van een gezin is van diepgaand belang voor de menselijke ontwikkeling. We leren en onderwijzen in deze kleine familiekern. Familie is onze basis. Zonder haar zijn we niets. Daarom vult dit gevoel van behoren tot iets de ziel van de mens.

Echter, als we leven met jaloerse of slechte mensen, kan het belemmeren onze persoonlijke evolutie. In dit geval geldt het volgende gezegde: "Beter alleen dan slecht begeleid". De mens moet ook groeien, zijn eigen ruimtes veroveren en zijn eigen familie vormen. Dat is een deel van de natuurwet van het leven.

Hoe te respecteren en gerespecteerd te worden.

De grootste regel van het leven in een gezin moet respect zijn. Hoewel ze samen kunnen leven, geeft het de ander niet het recht om zich met hun leven te bemoeien. Bevestig dat standpunt opnieuw. Heb je baan, je kamer, je mensen dingen apart. Elk gezin moet zijn eigen persoonlijkheid, daden en verlangens gerespecteerd hebben.

Samenwonen of het huis verlaten en meer privacy hebben? Veel jongeren stellen zich deze vraag vaak. Vanuit mijn persoonlijke ervaring, is het alleen de moeite waard het huis te verlaten als je enige steun buiten het huis. Geloof me, eenzaamheid kan het ergste van je vijanden zijn en je veel mishandelen.

Ik heb vier maanden geleefd met het excuus dat ik dichter bij mijn werk zou zijn. Maar eigenlijk probeerde ik liefde te vinden. Ik dacht dat het leven in de grote stad het makkelijker zou maken voor mij om te zoeken. Maar dat is niet wat er gebeurd is. Mensen zijn ingewikkeld in de moderne wereld. Vandaag de dag, wat heerst is materialisme, egoïsme en goddeloosheid.

Ik woonde in een appartement. Ik had mijn privacy, maar ik voelde me totaal ongelukkig. Ik ben nog nooit een jong feestje geweest, of gedronken. Alleen wonen spreekt me niet zo aan. Uiteindelijk realiseerde ik me dat mijn verantwoordelijkheden eerder waren toegenomen dan afgenomen. Dus besloot ik naar huis te gaan. Het was geen gemakkelijke beslissing. Ik wist dat er een einde kwam aan mijn hoop om iemand te vinden. Ik zit bij de LHBT-groep. Het is ondenkbaar dat ik thuis een vriendje krijg omdat mijn familie helemaal traditioneel is. Ze zouden me nooit accepteren zoals ik ben.

DE WEG NAAR HET LEVEN

Ik kwam thuis en dacht erover om me op het werk te concentreren. Toen ik zesendertig was, had ik nooit een partner gevonden. Hij verzamelde vijfhonderd afwijzingen en dit steeg elke dag. Toen vroeg ik me af: Waarom deze noodzaak om geluk te vinden in de andere? Waarom kan ik mijn dromen niet alleen waarmaken? Alles wat ik moest doen was een goede financiële steun en ik kon genieten van het leven beter. Deze gedachte van gelukkig naast iemand is bijna verouderd deze dagen. Het gebeurt zelden. Dus ging ik verder met mijn leven met mijn projecten. Ik ben schrijver en filmmaker.

Financiële afhankelijkheid

Weten hoe om te gaan met de financiële kwestie is van het grootste belang deze dagen. Ondanks het leven als een gezin, moet iedereen zijn levensonderhoud hebben. Vele malen moest ik mijn familie te helpen, want ik ben de enige die een vaste baan heeft. Maar de situatie werd moeilijk toen ze gewoon op me wachtten. Daarom ben ik ook het huis uitgegaan. Ze moesten wakker worden voor de realiteit. Helpen is goed als je restjes hebt. Maar het is niet eerlijk dat ik werk en andere mensen genieten van mijn geld meer dan ik zelf.

Dit voorbeeld laat zien hoe belangrijk bewustwording is. We moeten dingen scheiden. Iedereen moet proberen te werken. Iedereen heeft het vermogen om te overleven. We moeten protagonisten van onze eigen geschiedenis en niet afhankelijk van anderen. Er zijn zieke situaties in de wereld van vandaag. Profetes personen. Dat is geen liefde. Het is gewoon financieel belang. Misleid worden met liefde zal alleen maar lijden brengen.

Ik begrijp dat het niet gemakkelijk is om met sommige situaties om te gaan. Maar we moeten verstandig zijn. De zoon is getrouwd. Laat hem zijn eigen leven overnemen. Kleinkinderen om voor te zorgen? Helemaal niet. Dat is de verantwoordelijkheid van de ouders. U die al op hoge leeftijd moet genieten van het leven door te reizen en het doen van plezierige activiteiten. Je hebt je rol vervuld. Je wilt niet voor andermans verantwoordelijkheid zorgen. Dit kan schadelijk voor je zijn. Maak een innerlijke reflectie en zie wat het beste is voor je.

Het belang van het voorbeeld

Als we het over kinderen hebben, praten we over de toekomst van het land. Het is dus van het grootste belang dat ze een goede familiebasis hebben. Over het algemeen zijn ze de weerspiegeling van de omgeving waarin ze leven. Als we een systematisch opgebouwd en gelukkig gezin hebben, is de tendens dat jongeren dit voorbeeld volgen. Daarom is het gezegde waar: "Hij die een goede zoon is, is een goede vader." Dit is echter geen algemene regel.

We hebben vaak jonge rebellen. Ook al hebben ze prachtige ouders, ze leunen naar het kwaad. Voel je dan niet schuldig. Je hebt je deel gedaan. Ieder mens heeft zijn vrije wil. Als het kind kwaad heeft gekozen, zal het de gevolgen dragen. Dat is natuurlijk in een samenleving. Er is goed en kwaad. Dit is een persoonlijke beslissing.

Ik koos goed en vandaag ben ik een gelukkig, eerlijk en gezond persoon. Ik ben een voorbeeld van volharding en hoop naar mijn dromen. Ik geloof in de waarden van eerlijkheid en werk. Leer dat aan je kinderen. Kalmeren goed en oogsten het goede. We zijn de vrucht van onze inspanningen, niet min of meer. Iedereen heeft wat hij verdient.

Einde

www.ingramcontent.com/pod-product-compliance
Lightning Source LLC
LaVergne TN
LVHW020436080526
838202LV00055B/5216